Diogenes Taschenbuch 23050

Friedrich Dürrenmatt

Werkausgabe
in siebenunddreißig
Bänden

Band 10

Friedrich Dürrenmatt

Die Wiedertäufer

Eine Komödie in zwei Teilen
Urfassung

Diogenes

Die Werkausgabe in siebenunddreißig Bänden basiert auf der zu Dürrenmatts 60. Geburtstag erschienenen und von ihm in Zusammenarbeit mit
Thomas Bodmer herausgegebenen Werkausgabe in neunundzwanzig
Bänden 1980. Diese wurde durch die seit 1981 bis zu Dürrenmatts Tod
1990 in Buchform erschienenen bzw. von ihm noch für die Publikation
vorbereiteten Einzelbände analog und innerhalb der Gattungen chrono-
logisch fortgeführt sowie um die seit 1991 in Buchform erschienenen
Werke aus dem Nachlaß ergänzt. Das 17 Bände umfassende dramatische
Werk der Werkausgabe 1980 wurde um einen 18. Band ergänzt, das
12 Bände umfassende erzählerische und essayistische Werk der Werkausgabe 1980 um 5 Bände erzählerische Prosa (Bände 25 bis 29) sowie
um einen Band Essays (Band 36) und einen Nachlaßband (Band 37). Sämtliche Bände wurden für diese Ausgabe durchgesehen. Druckfehler wurden stillschweigend korrigiert, sonstige Veränderungen nachgewiesen.
Nach Möglichkeit wurden die schon in der Werkausgabe 1980 erschienenen Bände seitengleich übernommen.
Nachweis zur Publikations- und Aufführungsgeschichte sowie zur Textgrundlage von Ulrich Weber und Anna von Planta am Schluß des Bandes.
Umschlag: Detail aus ›Kreuzigung I‹ (1939) von Friedrich Dürrenmatt.

Aufführungs-, Film-, Funk- und TV-Rechte:
Weltvertrieb: Diogenes Verlag AG, Sprecherstraße 8, CH-8032 Zürich.
Alle Rechte vorbehalten, insbesondere das der Aufführung durch Berufs-
und Laienbühnen, des öffentlichen Vortrags, der Verfilmung oder Über-
tragung durch Rundfunk und Fernsehen, auch einzelner Abschnitte.
Diese Rechte sind nur vom Diogenes Verlag zu erwerben.
Rechteerwerb für Deutschland: Felix Bloch Erben, Verlag für Bühne,
Film, Funk, Hardenbergstraße 6, D-10623 Berlin.

Inhalt

Allgemeine Anmerkung
zu der Endfassung 1980 meiner Komödien

Es ging mir, im Gegensatz zu den verschiedenen Fassungen, die vorher einzeln im Arche-Verlag erschienen sind, bei den Fassungen für die Werkausgabe nicht darum, die theatergerechten, das heißt die gestrichenen Fassungen herauszugeben, sondern die literarisch gültigen. Literatur und Theater sind zwei verschiedene Welten: Außer den Komödien, die ich nur für die Theater schrieb, *Play Strindberg* und *Porträt eines Planeten,* die Übungsstücke für Schauspieler darstellen und die ich als Regisseur schrieb, gebe ich im Folgenden – die ersten Stücke tastete ich nicht an – die dichterische Fassung wieder, eine Zusammenfassung verschiedener Versionen.

F. D.

Die Wiedertäufer

Eine Komödie in zwei Teilen
Urfassung

An Ernst Schröder

Personen

Die Fürsten:
Kaiser Karl v.
Kardinal
Franz von Waldeck,
    Fürstbischof von Minden,
    Osnabrück und Münster
Kurfürst
Landgraf von Hessen

Der Kanzler

Die Täufer:
Jan Matthison
Bernhard Rothmann
Bernhard Krechting
Staprade
Vinne
Klopriss
Johann Bockelson von Leyden

Das Volk von Münster:
Knipperdollinck
Judith, seine Tochter
Der Mönch
Wache
Heinrich Gresbeck, Sekretär des Bischofs
Elisabeth Roede, Schauspielerin
Metzger
Gemüsefrau

Kesselflicker Langermann
Frau Langermann
Schuster Friese
Frau Friese
Helga ⎫
Gisela ⎭ ihre Töchter
Veronika von der Recke, Äbtissin
Divara, Matthisons Frau
Kruse
Henker
Täuferinnen

Die Landsknechte:
Ritter Johann von Büren
Ritter Hermann von Mengerssen
1. Landsknecht
2. Landsknecht

Geschrieben 1966/67
Uraufführung im Schauspielhaus Zürich
am 16. März 1967

Teil I

1. Münster in Westfalen wird bekehrt

In der Stadt. Ägidiitor.
Matthison, Rothmann, Krechting, Bockelson, Vinne,
Klopriss und Staprade, zerlumpte Propheten der Täufer,
betreten mit ihrer Habe Münster in Westfalen.

MATTHISON Gott verhüllte sein Antlitz
    Da verließ das Tier mit den sieben Köpfen seine
        Höhle
    Vom Geklirr seiner Schwingen erbebten Himmel
        und Erde
BOCKELSON Herr, Herr, laß uns nicht gänzlich im Stiche!
ROTHMANN Der Papst, der Kaiser, der Fürst, der Luthe-
        raner, der Kaufmann, der Richter und der Lands-
        knecht
    Stahlen dem Volk zuerst das Land, dann das Vieh
        und endlich den Leib
KRECHTING Zu den wilden Tieren im Wald, zu den
        Fischen, zu den Vögeln und zu den Weibern und
        Töchtern der Armen
    Sprachen sie: Ihr seid unser
BOCKELSON Herr, Herr, deine Feinde verspotten dich!
STAPRADE Sie prägten Münzen und nahmen Zinsen und
        Zinsen von den Zinsen
VINNE Sie machten Gesetze
    Die Mächtigen vor den Ohnmächtigen zu schützen

KLOPRISS Die Reichen vor den Armen, die Satten vor den
    Hungrigen

BOCKELSON Herr, Herr, blicke nieder auf unser Elend!

MATTHISON Sie beteten Götzen an, die sie Heilige nann-
    ten, und verbreiteten Irrlehren jeglicher Art
        Damit das Volk unwissend bleibe und gefügig ihrer
        Willkür

BOCKELSON Herr, Herr, erleuchte uns!

ROTHMANN Da rebellierten die Bauern und ergriffen die
    Waffen
        Doch die Landsknechte der Fürsten waren mächti-
        ger denn das arme Volk

BOCKELSON Herr, Herr, erbarme dich unser!

KRECHTING Die Leichen der Bauern verstopften die
    Flüsse und hingen in den Ästen der Bäume

STAPRADE Die Totenvögel mästeten sich
        Sie wurden feiß wie die Säue, daß sie nicht mehr
        fliegen konnten

BOCKELSON Herr, Herr, in tiefster Not schrei ich zu dir!

MATTHISON Da erbarmte sich der Herr der Bedrängten!

BOCKELSON Jauchzet!

KLOPRISS Er erhöhte, was erniedrigt worden war

BOCKELSON Singet!

VINNE Er machte wissend uns Unwissende

BOCKELSON Preiset!

ROTHMANN Er schickte uns aus, seine Propheten
        Das Volk zu erlösen aus seiner Knechtschaft
            Nicht durch die Waffen der Gewalt, sondern durch
            das Schwert des Geistes

BOCKELSON Lobet den Herrn!

MATTHISON Wir Täufer sind reinen Leibes
        Wir haben die Sünden von uns geworfen wie der

Bräutigam die Kleider von sich wirft, wenn die
Nacht seiner Hochzeit gekommen

Wir sind getauft, wie Johannes es tat mit dem Gott

Wir sind friedfertig, und unsere Waffe ist das Gebet

BOCKELSON Buße, tut Buße, bekehret euch!

ALLE Buße, tut Buße, bekehret euch!

ROTHMANN Zum Zeichen seines Bundes verhieß uns der
Herr eine Stadt

Gesegnet sei Münster in Westfalen, das uns umgibt
in der Morgensonne

BOCKELSON Gesegnet!

KRECHTING Bald werden dir die letzten Ungläubigen ent-
fliehen

Der Bischof wird dich mit seinen Kebsweibern und
Lustknaben verlassen

Und die erbärmlichen Lutheraner werden dir ent-
weichen wie Aussätzige!

BOCKELSON Fluch ihnen! Fluch!

ALLE Fluch ihnen! Fluch!

MATTHISON In deinen Mauern, Münster, wird uns ein
neues Jerusalem erstehen

BOCKELSON Halleluja!

MATTHISON Wir werden sein tausend mal tausend und
zehnmal hunderttausend

Ein großes Volk, das weder Reiche noch Arme kennt

Noch Mächtige und Ohnmächtige

BOCKELSON Hosianna!

MATTHISON Dann endlich wird der Tag kommen, der
verheißen ist

Ein neuer Himmel wird sein und eine neue Erde

Wir werden eins sein mit ihm, der wiedergeboren ist
in uns

BOCKELSON Amen!

MATTHISON Brüder, ich nehme als Prophet der Täufer im Namen des Herrn von der Stadt Münster Besitz. Verteilen wir uns, evangelisieren wir auf den Plätzen und in den Straßen, verkünden wir unsere heilige Lehre überall, das Reich Gottes in diesen Mauern zu errichten. Ehre sei Gott in der Höhe!

DIE ANDERN Ehre sei Gott in der Höhe!

Matthison, Krechting, Rothmann, Vinne, Klopriss, Staprade ab.

BOCKELSON Es gilt. Erzittere, Münster in Westfalen!

Klettert in einen Mistkarren.

BOCKELSON Komme Volk! Du sollst von meiner Rednergabe verschlungen werden wie von einem brüllenden Löwen.

Kesselflicker Langermann und Schuster Friese treten auf.

FRIESE Es ist ein frischer Morgen und ein Haufen Dreck und Staub am Boden.

LANGERMANN Lutum und pulvis. Ich habe studiert.

FRIESE Langermann, Ihr gabt Euch Mühe, Kesselflicker zu werden.

LANGERMANN Ich mußte das Studium aufgeben, Schuster Friese. Ich höre Stimmen.

FRIESE Das hören heute viele.

LANGERMANN Es ist immer was im Kopf. Wie ein Stern oder wie ein Baum mit Ästen, Früchten und Blättern, versteht Ihr?

FRIESE Nein!

LANGERMANN Das macht das Rappeln.

Stutzt. Bockelson schnarcht.

LANGERMANN Hört Ihr?

FRIESE Rappelt's?

LANGERMANN Es schnarcht.

FRIESE Wache! Da liegt einer im Karren und schläft.

Eine Wache tritt auf.

WACHE Der Mann wird arretiert. Artikel 24: Gegen die Völlerei. Der Mann ist voll. Artikel 29: Gegen den Aufenthalt an unanständigen Orten. Ein Mistkarren ist ein unanständiger Ort.

BOCKELSON Ehre sei Gott in der Höhe!

LANGERMANN Je!

WACHE Ihr seid arretiert.

BOCKELSON Wo bin ich, ihr Leute?

FRIESE Vor meinem Hause beim Ägidiitor.

BOCKELSON Ich meine, in welcher Stadt?

LANGERMANN Je!

FRIESE Er weiß nicht, wo er ist.

WACHE Ihr seid in Münster in Westfalen.

BOCKELSON In welcher Zeit nach Christi Geburt?

LANGERMANN Je!

FRIESE Er weiß auch die Zeit nicht.

WACHE Wir zählen das Jahr 1533.

BOCKELSON Herr, ich danke dir, daß du so an mir getan!

Breitet die Arme aus.

WACHE Name?

BOCKELSON Johann Bockelson.

WACHE Herkunft?

BOCKELSON Von vornehmer Herkunft. Ich bin der natürliche Sohn des Dorfschulzen Bockel von Grevenhagen.

WACHE Herkommend?

BOCKELSON Aus Leyden in den Niederlanden.

WACHE Beruf?

BOCKELSON Zuerst war ich Schneidergeselle, dann
Schankwirt, darauf Inhaber eines bescheidenen, aber
anständigen Bordells, später Mitglied der Kammer der
Rhetoriker, Verfasser einiger Schwänke und endlich
Schauspieler.

LANGERMANN Je!

FRIESE Ein Schauspieler.

WACHE Beruf: Vagant.

BOCKELSON Ich spielte in den Reichsstädten und Residen-
zen Deutschlands die großen Heldenrollen der Welt-
literatur und sprach sogar Seiner Exzellenz, dem
Bischof von Minden, Osnabrück und Münster in
Westfalen, Fürst von Waldeck, in seiner Sommerresidenz Iburg vor.

WACHE Nach Eurem Zustande zu schließen, seid Ihr
nicht engagiert worden.

BOCKELSON Seine Exzellenz fiel mir nach dem Vorspre-
chen begeistert um den Hals, doch wie ich den armen
König Ödipus spielen sollte und in der Hauptprobe
gerade ausgerufen hatte:

Weh! Weh!

Ach Unseliger ich! Ach! Ach!

Wohin trägt mich mein Fuß?

Wohin verweht meine Stimme?

Wohin, ach wohin
Verschlägt das Schicksal mich!
erscholl Gottes Stimme so mächtig vom Himmel herab, daß die ganze Sommerresidenz erzitterte.

LANGERMANN Vox Dei. Ich bin in der Theologie bewandert.

BOCKELSON Täufer! Werde Täufer! befahl die Stimme, und ich ließ mich taufen.

WACHE Konfession: Wiedertäufer.

BOCKELSON Ich hoffe, daß auch ihr diesem Glauben angehört.

FRIESE Ich bin Schuster.

LANGERMANN Ich habe das Rappeln.

WACHE Ich muß Euch arretieren. Das Gesetz ist das Gesetz. Ihr seid dagelegen in Völlerei.

BOCKELSON Ich war nicht betrunken, mein Freund, ich war ohnmächtig.

LANGERMANN Animus eum reliquit. Ich habe auch Medizin studiert.

WACHE *mißtrauisch* Ohnmächtig?

BOCKELSON Vor einer halben Stunde predigte ich in den Straßen der Stadt Rotterdam.

WACHE *streng* Rotterdam ist sechs Tagereisen entfernt.

BOCKELSON Exakt.

WACHE Ihr wäret in einer so kurzen Zeitspanne von wenigen Minuten aus Rotterdam nach Münster in Westfalen gekommen?

BOCKELSON Der Erzengel Gabriel trug mich durch die Lüfte.

FRIESE Durch die Lüfte?

BOCKELSON Und zwar in einer derart sausenden Geschwindigkeit, daß wir ins Jahr 1533 zurückgeflogen sind, denn wir zählten schon das Jahr 1534, als wir in Rotterdam predigten.

LANGERMANN Magie. Faustus, Paracelsus, Agrippa –

BOCKELSON Wir schwebten eben über Münster, als den Erzengel die Morgensonne blendete. Er schneuzte und ließ mich in diesen Karren fallen, wo ihr mich ohnmächtig aufgefunden habt.

FRIESE Schneuzt ein Erzengel denn auch?

BOCKELSON Es ist dies ein sanftes und wohltönendes Getöse, einem Glockendreiklang nicht unähnlich, von einer rhythmischen Erschütterung des Leibes begleitet, wobei der Erzengel beide Arme auszubreiten liebt.

LANGERMANN Je!

WACHE Weiß der Teufel, was sich der Erzengel Gabriel dachte, als er ausgerechnet Euch nach Münster in Westfalen trug.

BOCKELSON Der Himmel hat Großes mit mir Unwürdigem vor, mein Freund. Die Täufer werden mich zu ihrem König wählen, der Kaiser wird mir seine Krone anbieten, der Papst von Rom nach Münster nackten Fußes wandeln, den Saum meines Mantels zu lecken, und Gott, auf seinem heiligen Richterthrone, wird mich zum Herrn der Erde erheben!

Knipperdollinck und seine Tochter Judith treten auf, beide in reicher Kleidung.

WACHE Platz dem Bürgermeister Bernhard Knipperdollinck.

KNIPPERDOLLINCK Nach den kummervollen Nächten voll Seufzern der Reue und voll Furcht vor der ewigen Verdammnis, voll Skrupel über Handlungen, zu denen mich der Tag und das Geschäft zwingt, liebe ich diesen täglichen Gang aufs Rathaus früh am Morgen.

JUDITH Du hast Sorgen, Vater.

KNIPPERDOLLINCK Kümmere dich nicht darum, mein Kind. Nach dem Tode deiner Mutter bin ich ein alter Mann geworden, Gespinsten zugeneigt und grüblerischen Gedanken.

BOCKELSON Heil dir, Lutheraner, der du wandelst in deiner Gnade und in deinem kostbaren Pelz, eine goldene Kette auf dem Bauch und eine Tochter am Arm, keusch und wohlerzogen!

KNIPPERDOLLINCK Wer ist dieser Mann?

WACHE Ein Schauspieler.

JUDITH Laß uns weitergehen, Vater.

KNIPPERDOLLINCK Er ist in Lumpen.

WACHE Er behauptet, ein großer Prophet der Täufer zu sein, und ein Engel habe ihn hergeflogen.

KNIPPERDOLLINCK Warum verspottest du mich, Täufer?

BOCKELSON Warum verfolgst du mich, Bürgermeister?

KNIPPERDOLLINCK Ich verfolge die Täufer nicht, ich dulde sie.

BOCKELSON Ach, daß du kalt oder warm wärest! Weil du aber lau bist und weder kalt noch warm, spricht der Herr, werde ich dich ausspeien aus meinem Munde.

KNIPPERDOLLINCK Was willst du von mir?

BOCKELSON Ich will von deinem Brot und ich will von deinem Wein. Ich will ein Kleid für meinen Leib und ein Bett für meinen Schlaf. Ich will von deinem Gold und ich will von deiner Macht.

KNIPPERDOLLINCK Du forderst viel.

BOCKELSON Ich biete mehr.

KNIPPERDOLLINCK Das wäre?

BOCKELSON Könnte es nicht sein, daß ich dir die ewige
  Seligkeit verschaffe?

Schweigen.

KNIPPERDOLLINCK Ich gewähre dir, was du verlangst. Ich
  werde dich empfangen wie einen König. Komm, mein
  Kind.

Knipperdollinck mit Tochter ab.

BOCKELSON Nun?
LANGERMANN Je!
FRIESE War das 'ne Einladung!
BOCKELSON Meine Weltherrschaft nimmt ihren Lauf!
WACHE Ich arretiere Eure Gnaden besser nicht.
BOCKELSON Es ist noch früh am Morgen, meine Guten –
  ich bitte den Karren in den Schatten zu schieben und
  mich noch ein wenig schlafen zu lassen.
WACHE Zu Befehl, Euer Gnaden.

Schiebt den Karren mit Bockelson hinaus. Friese folgt.

LANGERMANN Er hört Stimmen. Ich höre Stimmen. Ich
  werde auch Prophet.

2. Der Bischof muß die Stadt verlassen

Im bischöflichen Palast.
Heinrich Gresbeck rollt den Bischof herein.

BISCHOF Ich bin der Bischof von Minden, Osnabrück
und Münster in Westfalen
Fürst Franz von Waldeck
99 Jahre 9 Monate und 9 Tage alt
Ich bin an beiden Beinen gelähmt, und dies seit
einem Jahrzehnt
Wie es bisweilen bei Leuten meines Alters vor-
kommt
Ich spreche fließend Latein und Griechisch und
liebe Homer und Lukian
Doch am liebsten sind mir die nichtsnutzigen Ko-
mödien
Meine Theatertruppe ist die beste und teuerste im
Heiligen Römischen Reiche Deutscher Nation
Das Possenspiel unseres Lebens
Das mühsame Herumstolpern auf der Flucht vor der
Wahrheit und auf der Suche nach ihr
Wird auf den Brettern leicht, ein Tanz, ein Geläch-
ter, ein wohliger Schauer
Mitspieler in Wirklichkeit, verstrickt in Schuld, Mit-
wisser von Verbrechen
Brauchen wir die Täuschung loser Stunden Zu-
schauer nur zu sein

Heinrich Gresbeck bringt das Abendbrot. Ein Teller Suppe, ein Stück Brot, ein Glas Wein.

BISCHOF Mein Sekretär, der einsilbige und verschlossene Kerl, der mich bedient
Heißt Heinrich Gresbeck
Der einzige, der mir noch treu geblieben ist
Aber ich höre Schritte
Es ist Bernhard Knipperdollinck, der reiche Mann
Ich bin ihm Geld schuldig
Ich kann Euch leider diese auch für einen Bischof peinliche Szene nicht ersparen

Knipperdollinck tritt auf.

KNIPPERDOLLINCK Exzellenz.
BISCHOF Kommt Ihr als Bürgermeister oder als Knipperdollinck?
KNIPPERDOLLINCK Als Bürgermeister und als Knipperdollinck.
BISCHOF Erlaubt, daß Wir Euch einen Sessel holen lassen. Er wurde zur Verrammelung des Hauptportals gegen vorwitzige Täufer benötigt, nun ist er nicht zur Stelle.

Gresbeck ab.

KNIPPERDOLLINCK Ihr habt nichts zu befürchten.
BISCHOF Wir wissen nicht so recht. Gestern wurden immerhin zwei Diakone zertrampelt und die Fenster Unseres Palastes eingeschlagen. Wir waren dreißig, als Wir Bischof von Münster wurden, und selbst Luther vermochte Unsere Stellung nicht zu erschüttern. Da

kommt dieser düstere Prophet Jan Matthison mit seinen Predigern, und siebzig Jahre Seelsorge lösen sich
in drei Wochen ins Nichts auf. Sogar Unsere geliebten
Töchter, die Nonnen des Überwasserklosters, sind zu
den Täufern übergelaufen samt ihrer Äbtissin Veronika von der Recke.

Gresbeck bringt einen Sessel.

KNIPPERDOLLINCK Erlaubt, daß ich stehe.
BISCHOF Wir sind Euch Geld schuldig, Knipperdollinck.

Löffelt Suppe, bricht Brot usw.

KNIPPERDOLLINCK Behaltet das Geld.
BISCHOF Die Kirche wird für das Heil Eurer Seele eine
feierliche Messe lesen.
KNIPPERDOLLINCK Erspart sie Euch.
BISCHOF Wie Wir vernommen haben, beherbergt Ihr in
Eurem Hause einen gewissen Johann Bockelson aus
Leyden.
KNIPPERDOLLINCK Ein heiliger Mann, ein treuer Anhän-
ger des großen Propheten Jan Matthison.
BISCHOF Ein dilettantischer Schauspieler, der sich vergeb-
lich bemühte, in meiner Truppe ein Unterkommen zu
finden.
KNIPPERDOLLINCK Sein Herz trachtet nicht mehr nach
dem Ruhme dieser eitlen Welt.
BISCHOF Dann wird es nach Üblem trachten. Was be-
schloß der Rat?
KNIPPERDOLLINCK Exzellenz haben Münster zu verlassen.
BISCHOF Wann?

KNIPPERDOLLINCK Diese Nacht.

BISCHOF Es bleibt Uns nichts anderes übrig, als zu gehorchen.

KNIPPERDOLLINCK Exzellenz haben in dieser Stadt ausgespielt.

BISCHOF Euer Werk, Bürgermeister.

KNIPPERDOLLINCK Ich überzeugte den Rat.

BISCHOF Und was wünschst du als Knipperdollinck von Uns?

KNIPPERDOLLINCK Die Wahrheit.

BISCHOF Die glaubst du von einem Sohn der Kirche zu erhalten?

KNIPPERDOLLINCK Ich glaube sie von einem hundertjährigen Menschen zu erhalten.

BISCHOF Rede.

Wendet sich vom Abendbrot Knipperdollinck zu, der sich setzt.

KNIPPERDOLLINCK Warum bekämpft Ihr die Täufer, Bischof von Münster?

BISCHOF Zuerst hast du dich zu Luther bekehrt, bist du nun auch noch ein Täufer geworden?

KNIPPERDOLLINCK Der Prophet Johann Bockelson überzeugte mich.

BISCHOF Der Schauspieler macht sich.

KNIPPERDOLLINCK Ihr kennt unsere Schriften.

BISCHOF Sie sind schlecht geschrieben.

KNIPPERDOLLINCK Wir ringen um die Gnade Gottes.

BISCHOF Gerade das macht Uns mißtrauisch. Wir beten um die Gnade als unsere Erlösung und fürchten sie als unsre Ausrede.

KNIPPERDOLLINCK Wer wider uns ist, ist wider Christus.

BISCHOF Wir pflegen auf solche Sprüche nicht einzugehen. Aber Wir möchten dir sagen, was Wir denken, Wir sind es dir als dein Hirte schuldig. Daß ihr nicht mehr an die Heiligen glaubt, ist gleichgültig. Wir glauben vielleicht auch nicht mehr daran. Doch daß ihr Täufer an euch selbst glaubt, Knipperdollinck, wird euer Untergang sein.

KNIPPERDOLLINCK Ich verstehe Euch nicht.

BISCHOF Die Kirche glaubte an sich und vergoß Blut in Seinem Namen, jetzt glaubt ihr an euch und werdet Blut in Seinem Namen vergießen.

KNIPPERDOLLINCK Der Kampf zwischen uns ist notwendig.

BISCHOF Neunundneunzig Jahre waren Wir kein Held und müssen mit Hundert einer sein. Wir werden mit dem Gelde, das Wir dir schulden, ein Heer wider euch aufstellen, Knipperdollinck.

KNIPPERDOLLINCK Ihr seid deutlich.

BISCHOF Wir lieben die Klarheit.

KNIPPERDOLLINCK Ihr habt kein Recht, uns zu richten.

BISCHOF Das Recht dazu werdet ihr uns schon liefern.

Schweigen.

KNIPPERDOLLINCK Was soll ich tun?

BISCHOF Halte, was für Täufer und Bischof gilt: Liebe deine Feinde, verkaufe, was du hast, und gib's den Armen und widerstehe nicht dem Übel.

KNIPPERDOLLINCK Exzellenz sind unerbittlich.

BISCHOF Mein Amt.

Schweigen.

KNIPPERDOLLINCK Gebt mir den Segen.

BISCHOF Wir können dir den Segen nicht geben.

KNIPPERDOLLINCK Bin ich so sündig, daß ich nicht mehr ein Mensch bin?

BISCHOF Halte ich Seine Gebote? Schließen sich nicht goldene Ringe um meine Finger? Bekämpfe ich nicht meine Feinde? Lebe i c h in der Gnade? Bin ich mehr als du, daß ich dich segnen könnte?

Knipperdollinck ab.

GRESBECK Die Roede, Exzellenz.

Die Schauspielerin Elisabeth Roede tritt auf.

BISCHOF Elisabeth! Mach dich schleunigst aus dem Staube, man hängt jedes Mitglied meiner Truppe auf, das man noch in dieser Stadt aufstöbert.

DIE ROEDE Ich gebe meine Bühnenlaufbahn auf, Exzellenz, ich heirate wieder.

BISCHOF Mein Kind, vor zweiundsechzig Jahren habe ich dich als jugendliche Naive für meine Schauspieltruppe engagiert –

DIE ROEDE Vor zweiundvierzig –

BISCHOF Nicht schwindeln, Lieschen, nicht schwindeln. Vor zweiundsechzig Jahren, ich weiß es genau.

DIE ROEDE Exzellenz waren damals ein verflucht fescher Bischof, im besten Mannesalter.

BISCHOF Inzwischen hast du sieben Ehen geführt, meine teure Roede, sieben!

DIE ROEDE Ich heirate den Prediger Boll.

BISCHOF Einen rabiaten Wiedertäufer.

DIE ROEDE Getauft bin ich auch schon.

BISCHOF Lieschen, in deinem hohen Alter beginnt man nicht mit einer neuen Ehe.

DIE ROEDE Meine Pflicht, Exzellenz, ich habe den Prediger Boll schließlich verführt.

BISCHOF Elisabeth, du bist ein Biest!

DIE ROEDE Darum ist es auch höchste Zeit, einen christlichen Lebenswandel zu führen.

BISCHOF Schön, schön! Führ deinen christlichen Lebenswandel und hau ab.

DIE ROEDE Lebt wohl, Exzellenz.

Die Roede ab.

BISCHOF Das ist doch heller Wahnsinn. Roll mich aus der Stadt, Gresbeck.

GRESBECK Ich bleibe ebenfalls.

Räumt das Abendbrot ab.

BISCHOF Du auch?

GRESBECK Johann Bockelson predigt wortgewaltig.

BISCHOF Ich hätte den Schauspieler doch engagieren sollen.

GRESBECK Ich heirate.

BISCHOF Kein Grund, ein Täufer zu werden.

GRESBECK Die Äbtissin.

BISCHOF Sind die Weiber in Münster toll geworden?

GRESBECK Sie sind gläubig geworden.

BISCHOF Sie ist eine Reichsfürstin, und dich las ich eigenhändig aus der Gosse zusammen.

GRESBECK Vor Gott sind wir alle gleich.

BISCHOF Du bist ein fünfundzwanzigjähriger Bursche, und sie ist doppelt so alt.

GRESBECK Angesichts der Ewigkeit spielt das keine Rolle.

BISCHOF Gresbeck! Soll ich mich denn eigenhändig aus dieser verrückten Stadt rollen?

GRESBECK Rollt Euch zum Teufel, Bischof.

Der Bischof rollt sich hinaus.

3. Der Mönch kann sich retten

Marktplatz.
Das Volk von Münster. Ein Metzger, eine Gemüsefrau, Langermann mit Frau, Friese mit Frau und Helga und Gisela. Langermann und Friese tragen Inschriften: ›Tod den Herren‹, ›Mit Gott und den Wiedertäufern‹, ›Durch die Taufe zur Gnade‹, ›Tut Buße, bekehret euch‹.

LANGERMANN Münster ist gesäubert.

METZGER Würste! Würste! Kauft Würste!

FRIESE Die Katholiken und die Protestanten davongejagt.

LANGERMANN Jan Matthison Bürgermeister!

METZGER Kalbswürste! Schweinswürste!

FRIESE Einer von uns kam in Deutschland an die Macht, einer vom armen Volk. Jan Matthison ist Bäcker in Haarlem gewesen, der Prediger Staprade Kürschner und der Prophet Klopriss Schuster wie ich.

METZGER Bratwürste! Bratwürste!

LANGERMANN Wir gehen gewaltigen Zeiten entgegen.

FRIESE Friedenszeiten.

LANGERMANN Sechs Jahre saß ich im Schuldenturm mit Frau und Gören, Schuster Friese. Das ist jetzt vorbei, das ist nicht mehr möglich.

FRIESE Wir machen nun die Weltgeschichte.

LANGERMANN Je!

METZGER Leberwürste! Blutwürste! Knackwürste!

GEMÜSEFRAU Ihr Leute von Münster! Männer, Weiber und Jungfrauen! Seht diese Salatköpfe! Seht diese Wunder der Natur! Kugelrund und grün! Zart wie Säuglingshinterchen! Frisch wie junge Mädchen! Wer seinen Mann liebt, kauft Salatköpfe!

METZGER Gemüsefrau! Ihr schreit, daß ich meine eigene Stimme nicht verstehe.

GEMÜSEFRAU Ich schreie im Namen der Gesundheit, Metzger, und im Namen der guten Verdauung! Kohlköpfe! Kauft Kohlköpfe! Das Ideale für Festessen, für Taufessen, für Hochzeitsessen, für Begräbnisessen, für Henkersmahlzeiten! Kohlköpfe! Kauft Kohlköpfe!

FRAU LANGERMANN Ihr habt stattliche Töchter, Frau Friese.

METZGER Schafffleisch, billiges Schafffleisch!

FRAU FRIESE Helga und Gisela. Sie schwärmen für den Propheten Bockelson.

METZGER Kalbshirn, zartes Kalbshirn.

HELGA Er war Schauspieler, Frau Langermann.

GISELA Er entsagte der Welt, Frau Langermann.

FRAU LANGERMANN Für uns gewöhnliches Volk sind die Andachten des Propheten Rothmann immer noch die besten, nicht wahr, Hellmuth?

METZGER Schmalz! Schmalz! Kauft Schmalz!

FRAU FRIESE Die öffentlichen Sündenbekenntnisse in der Lambertikirche sind aufregender, Frau Langermann. Ihr hättet hören sollen, was die Kupplerin beim Buddenturm, die Schlachtschäf, bekannte und die Namen, die sie nannte.

METZGER Ochsenmaulsalat! Frischer Ochsenmaulsalat!

LANGERMANN Am schönsten sind die Massentaufen.

GEMÜSEFRAU Äpfel! Äpfel! Direkt aus dem Paradies!

Direkt vom Baume der Erkenntnis! Sie rutschen in den Magen und scheuern die Därme! Ganz billig, extra billig, spottbillig!

Heinrich Gresbeck mit der ehemaligen Äbtissin Veronika von der Recke am Arm tritt auf. Einige entlaufene Nonnen mit ihren Verlobten folgen.

DIE VON DER RECKE Da wir zum rechten Glauben bekehrt durch den Propheten Jan Matthison dem weltlichen Leben zurückgegeben sind, es als Frauen zu heiligen und nicht mit unnützer Jungfrauenschaft, dürfen wir heute einer Hinrichtung beiwohnen, meine Töchter. Gibt es doch für das fromme Gemüt nichts Heilsameres, als die Gerechtigkeit walten zu sehen und zu erleben, wie eine sündige Seele, vom Leibe durch einen gewaltigen Hieb befreit, sich direkt vor Gottes Thron schwingt, dort den endgültigen Richterspruch zu erwarten. Gottes Gnade ist groß. Gänzlich verloren ist beinahe keiner. Doch nicht nur zur geistlichen Belehrung bin ich am Arme meines Verlobten, des guten Heinrich Gresbeck, auf dem Domplatz erschienen. Mein Vater, der Reichsgraf, pflegte die Bauern noch eigenhändig zu köpfen, er machte das fix, das Lumpengesindel hatte reihenweise vor ihm niederzuknien, und nach dem Niedersausen seines Zweihänders trank er einen Krug Bier ex. Die Bürger dagegen, unter die ich mich demütig mische, in Bälde eine ihres Standes durch meine leibliche Hingabe, richten nicht selbst, sie lassen vielmehr die Todesstrafe durch einen Scharfrichter ausführen in der Meinung, ihre Hände wären dadurch minder blutig. Der Mensch sei tapfer, nicht zimperlich, ich bin nur ein schwaches Weib; doch auch als Äbtissin habe ich meine Klosterschweine eigenhändig abgestochen. Trösten wir uns, meine Töchter, die christliche Liebe übersieht auch dieses Manko. Gedenken wir nicht des Splitters im Auge des bürgerlichen Nächsten, gedenken wir des Balkens, der, in unser Auge gerammelt, es allzulange blind für die Wahrheit machte.

FRIESE Es lebe unsere ehemalige Äbtissin, die Reichsgräfin Veronika von der Recke! Es lebe ihr Verlobter Heinrich Gresbeck!

Beifall. Der alte Kruse tritt auf.

KRUSE Friede auf Erden. Ehre sei Gott in der Höhe und den Menschen ein Wohlgefallen.

LANGERMANN Der alte Kruse. Er hat noch nie bei einer Hinrichtung gefehlt.

GEMÜSEFRAU Birnen! Kauft Birnen! Gelb wie der Neid! Lecker wie Weiberfleisch! Saftig wie Hurentitten! Birnen! Kauft Birnen!

Die Wache und der Scharfrichter treten auf.

HELGA Mama, der Scharfrichter!

GISELA Papa, wird geköpft, gehängt oder gerädert?

FRIESE Geduld, Töchterchen.

GISELA Ich hab noch nie gesehen, wie einer gerädert wurde.

HELGA Ich habe köpfen lieber.

METZGER Kutteln! Kutteln!

Die Wache hat das Blutgerüst bestiegen.

WACHE Der Rat zu Münster in Westfalen dem Volk zu Münster in Westfalen. Eingesetzt, die Bürger zu mahnen, nicht nachzulassen, das Reich Gottes zu erlangen, haben wir das Urteil gefällt, den ehemaligen Hilfslehrer für Mathematik am hiesigen ehemaligen Päpstlichen Gymnasium, Hans Zicklein, vom Volke Ziegenhannes genannt, vom Scharfrichter durch das Schwert vom Leben zum Tode zu bringen –

KRUSE Ehre sei Gott in der Höhe.

WACHE – weil er behauptete, der Lehrsatz des Heiden Pythagoras sei ebenso wahr wie die Bibel.

DIE VON DER RECKE Humanist!

HELGA Er wird geköpft! Er wird geköpft!

METZGER Ochsenfleisch! Billiges Ochsenfleisch!

WACHE Angezeigt wurde Ziegenhannes durch seine ehemalige Schülerin Helga Friese, der hiermit vom Rat öffentlich gedankt wird. Seid wachsam und betet!

HELGA Er wird geköpft! Er wird geköpft!

FRIESE Ich bin stolz auf dich, meine Tochter.

GEMÜSEFRAU Rüben! Wer kauft Rüben? Das ist Philosophie, das ist Gelehrsamkeit, das ist Liebe, die durch die Seele geht! Kauft Rüben, kauft Rüben!

MÖNCH Ihr könnt mir die Zunge herausreißen, ihr könnt mich millionenfach erwürgen, ihr könnt mir den Kopf abhauen und ihn tausend Klafter in die Erde graben, er wird bis in alle Ewigkeit schreien: Der Lehrsatz des Pythagoras ist ebenso wahr wie die Bibel.

KRUSE Friede auf Erden. Den Menschen ein Wohlgefallen.

MÖNCH Die Schande wird über dich kommen, Münster!

WACHE Aufs Blutgerüst mit dir, Mönchlein.

MÖNCH Ich bin kein Mönch mehr. Ich bin meinem Klo-

ster längst entlaufen. Ich trage die Kutte nur, weil mir zu
einem weltlichen Kleide die finanziellen Mittel fehlen.

WACHE Wir köpfen dich nicht deines Standes, sondern
deiner Irrlehre wegen.

MÖNCH Ich protestiere im Namen der Vernunft!

METZGER Schinken! Schöner westfälischer Schinken!

MÖNCH Ihr macht euch auf ewig lächerlich. Ich bin
Humanist. Ein Intellektueller. Man kennt mich unter
dem Namen Johannes Magnus Capella auch in Köln
und Osnabrück.

DIE VON DER RECKE Hilfslehrer! Bei meinem Vater, dem
Reichsgrafen, durfte der arme Sünder vor der Hinrichtung sein Paternoster murmeln und hatte im übrigen
die Klappe zu halten.

GEMÜSEFRAU Schnittlauch! Prima Schnittlauch!

MÖNCH Volk von Münster!

KRUSE Friede auf Erden! Friede auf Erden!

GEMÜSEFRAU Rettich! Schöner roter Rettich! Wer kauft
Rettich? Rot wie Blut und gut wie 'ne Zeugung!

MÖNCH Weib, sei still! Ich will eine Ansprache halten! Es
geht um mein Leben!

GEMÜSEFRAU Knoblauch! Prächtiger Knoblauch!

MÖNCH Hör mich an, Volk von Münster! Ich will dich
überzeugen. Ich kläre deine Blindheit auf. Ich bekehre
dich zur Vernunft. Ich demonstriere dir die ewige
Wahrheit des Pythagoras, des großen Griechen! Wenn
du ein Dreieck zeichnest, dessen Seiten 3, 4 und 5
Handbreiten lang sind, so fällt dieses Dreieck –

Das Volk begleitet die Ansprache des Mönchs mit ironi-
schen Hoch- und Hurrarufen, unterdessen hat die Ge-
müsefrau das Blutgerüst bestiegen.

GEMÜSEFRAU *mit riesenhafter Stimme* Zwiebeln! Schöne frische Zwiebeln. Wer seine Nachkommen liebt, kauft Zwiebeln! Da werden die Weiber von selbst schwanger, da gibt es Kinder, Zwillinge, Drillinge, Vierlinge, Fünflinge – *Volk ruft: »Sechslinge, Siebenlinge, Achtlinge«* – da gibt es Familie! Eßt Zwiebeln! Wir stehen erst in der Mitte der Weltgeschichte, eben erst ist das dunkle Mittelalter zu Ende gegangen. Bedenkt, was wir noch zu schuften haben, was für Hungersnöte – *beginnt zu klatschen* – Pestilenzen – *das Volk klatscht mit, beginnt um das Blutgerüst zu tanzen* – Pleiten, Feuersbrünste, Erdbeben, Überschwemmungen, Schändungen, Kindermorde, Brudermorde, Elternmorde, Lustmorde, Raubmorde, Umstürze und Kriege – *beim Volk Schrecksekunde* – für uns in der neblichten Zukunft bereit liegen; Bürgerkriege – *das Wort »Kriege« in den folgenden Aufzählungen wird vom Volk geschrien* – Bauernkriege, Glaubenskriege, Wirtschaftskriege, Verteidigungskriege, Angriffskriege, Ausrottungskriege, Weltkriege! Da sind Kinder nötig, meine Damen und Herren, da sind Leichen nötig! Darum: Wer den Fortschritt liebt, ißt Zwiebeln, da hilft er der Weltgeschichte! Zwiebeln! Kauft Zwiebeln! Denkt an die Zukunft! Kauft Zwiebeln!

MÖNCH Fahr dahin, Mathematik! Fahr dahin, Humanität! Scharfrichter, schlag zu!

Mönch kniet nieder, Scharfrichter öffnet den Mantel. Aufschrei.

HELGA Mein Gott, welch ein Scharfrichter!
GISELA Mama, ich sehe nichts!

KRUSE Den Menschen ein Wohlgefallen! Den Menschen
ein Wohlgefallen!

DIE VON DER RECKE Die Beinstellung gefällt mir gar nicht.

FRIESE Der neue spanische Stil, Reichsgräfin.

HELGA Schlag zu! Schlag zu! Schlag zu!

Knipperdollinck im Büßergewand.

KNIPPERDOLLINCK Buße! Buße! Buße! Wehe! Wehe!
Wehe! Tut Buße und bekehret euch, damit ihr nicht
den Zorn des himmlischen Vaters über euch reizet!
Wirft Münzen. Nehmt! Nehmt! Da! Da! Gold! Gold!
Du verfluchtes Metall, was willst du mich hindern, die
ewige Seligkeit zu erlangen?
Volk von Münster! Dieses Mönchlein, das da neben
mir auf dem Blutgerüst schlottert, lebte im Irrtum. Es
allein? Ich war dein Bürgermeister, Volk von Münster.
Meine Schiffe fuhren über die Meere, Könige und
Herzöge waren meine Schuldner, ja selbst der Kaiser,
der stolze Karl, verschmähte es nicht, an meinem
Tische zu speisen. Ich war fromm. Ich ging in die
Kirche und gab Almosen. Ich war ein guter Sohn der
Kirche, doch mein Gewissen peinigte mich wie Feuer.
Ich wurde Lutheraner, mein Gewissen peinigte mich
weiter, ich wurde ein Täufer, und immer noch peinigte
mich mein Gewissen. Aber jetzt, wie ich die Schätze
von mir geworfen habe, welche die Motten und der
Rost fressen und denen die Diebe nachgraben, sie zu
stehlen, erst jetzt erzittere ich nicht mehr vor Gottes
gräßlichem Zorn! Du aber, Volk von Münster? Stürz-
test du dich nicht auf das Gold, das ich in deine Mitte
warf? Wahrlich, wo dein Schatz ist, ist dein Herz.

Bekehre dich! Köpfe nicht diesen kleinen Sünder, köpfe die großen Missetäter! Siehe, wie sie sich vor dir aufrecken, stolz, gotteslästerlich und dunkel, der Dom, die Lambertikirche, die Ägidiikirche, die Überwasserkirche, die Ludgerikirche, die Martinikirche, die Salvatikirche, die Maurizikirche. Sie sind deine großen Verführer, Volk von Münster, sie reden dir ein mit ihrem Glockengedröhne, ein christliches Volk zu sein, und hindern dich an der wahren Bekehrung und an der wahren Taufe! Auf! Wirf dich ihnen entgegen! Erklettere ihre Türme mit Steigeisen! Durchsäge ihr Gebälke! Schmettere ihre mit Kupfer und Blei gedeckten Turmspitzen in den Staub! Köpfe sie zum Zeichen, daß das Hohe von Gott erniedrigt wird! Auf! Auf!

Stürzt davon.

DIE VON DER RECKE Volk von Münster, mein braver Gresbeck, meine Töchter! Der Manno hat recht. Marschiert mit mir eurem erleuchteten Bürgermeister nach.

Marschiert davon.

FRAU LANGERMANN Die Türme herunter!
DAS VOLK Die Türme herunter! Die Türme herunter!

Alle mit dem Blutgerüst Knipperdollinck nach. Nur die Gemüsefrau und der Mönch bleiben zurück.

MÖNCH Seht, Gemüsefrau, einen Gulden! Er brachte mir Glück! Und seht meinen Kopf auf meinen Schultern, wie er gerade sitzt, weil mich die Mathematik liebt.

GEMÜSEFRAU Abwarten! Kommt Zeit, kommt Gelegenheit. Wer nicht geköpft wird, wird gehängt! Das soll
spanischer Stil gewesen sein? Sonst sprang mir bei
jeder Hinrichtung ein Kopf in den Schoß. Ich legte ihn
zwischen meine Kohlköpfe, und das war deutscher
Stil.

MÖNCH Meine Vernunft wird diese unvernünftige Welt
bezwingen.

GEMÜSEFRAU Traut Euch nur nicht zuviel zu. Die Welt ist
nicht nur unvernünftig, sie ist auch dreigeteilt. Katholiken, Lutheraner, Wiedertäufer. Die Frage ist nur, wo
liegt das Geschäft? Mönchlein, machen wir, daß wir
aus der Stadt kommen.

Beide ab.

4. Das neue Jerusalem

Sakristei.
Matthison, Bockelson, Rothmann, Krechting, Staprade,
Vinne und Klopriss treten einer hinter dem andern in
einer Prozession auf, von Matthison angeführt, große
Kreuze tragend.

MATTHISON Ehre sei Gott in der Höhe.

DIE ANDERN Ehre sei Gott in der Höhe.

MATTHISON Berichtet, Brüder.

ROTHMANN Es treffen immer noch Täufer aus ganz
Deutschland ein.

KRECHTING Besonders Weiber.

STAPRADE Zu viele Weiber.

MATTHISON Freuen wir uns über jede Seele, Bruder Staprade. Nachrichten aus dem Reich?

VINNE In Lübeck ist der Bürgermeister zu uns überge-
treten.

KLOPRISS In Straßburg sammeln sich die Täufer wieder.

STAPRADE Im Schwarzwald wird evangelisiert.

ROTHMANN In Böhmen und Mähren werden wir aufs
neue verfolgt.

KRECHTING Unsre schweizerischen Brüder beten für uns
in den Verliesen der Zwinglianer.

MATTHISON Wehe dir, Zürich!

ROTHMANN Deutschland ist in Aufruhr.

MATTHISON Brüder, während der Prozession durch die

Straßen der Stadt in die Sakristei der Überwasserkirche erleuchtete mich Gott.

BOCKELSON Amen.

Sammelt die Kreuze ein.

MATTHISON Brüder, die Lutheraner und die Päpstlichen fürchten die Bibel und zittern, daß man sie anwende, wir Täufer fürchten uns nicht davor. Wir führen die Restitution durch, die Wiederherstellung der Kirche, wir gründen ein neues Jerusalem, damit das menschliche Geschlecht wiederhergestellt werde in seiner Unschuld aufgrund des Alten und des Neuen Testamentes. Darum aber müssen wir nicht nur den Glauben, sondern auch das Gesetz erneuern, denn was hülfe es dem Glauben, wenn unser Gesetz das alte Gesetz des Kaisers und des Papstes bliebe, ein Gesetz, welches die Eigensucht unter den Menschen fördert und deren Zerfall in Arm und Reich, in Ohnmächtige und Mächtige? Daher soll im neuen Jerusalem ein neues Gesetz herrschen. Es darf unter uns kein Kaufen und Verkaufen, keine Arbeit um Geld, keine Renten und keinen Wucher, kein Essen und Trinken von der Armen Schweiß mehr geben.

BOCKELSON Amen.

MATTHISON Brüder, wir haben in der Stadt Gottes die Gütergemeinschaft einzuführen, denn es steht geschrieben: Die Menge aber der Gläubigen war ein Herz und eine Seele; auch sagte keiner von seinen Gütern, daß sie sein wären, sondern es war ihnen alles gemeinsam.

BOCKELSON Amen.

ROTHMANN Noch hängt das Volk am Besitz, Bruder Matthison.

STAPRADE Noch müssen wir Geduld mit ihm haben.

KRECHTING Noch ist unsere Macht nicht unerschütterlich.

VINNE Noch befinden sich viele heimliche Anhänger des Bischofs in der Stadt.

KLOPRISS Führen wir die Gütergemeinschaft später durch.

Matthison teilt große brennende Kerzen aus.

MATTHISON Das Reich Gottes drängt. Es rüttelt ungeduldig an den Toren und fordert mit lauter Stimme Einlaß. Wir dürfen nicht zögern. Geht wieder auf die Straßen und in die Kirchen, bereitet das Volk mit Belehrungen und Gebeten vor; ihr habt drei Tage Zeit, und das neue Gesetz wird eingeführt.

BOCKELSON Amen.

Die Prozession setzt sich erneut in Bewegung, nun je zwei nebeneinander, mit Matthison als letztem.

MATTHISON Nachrichten vom Bischof, Bruder Klopriss?

KLOPRISS Brüder in Köln bestätigen, daß er dort ein Heer sammelt.

STAPRADE Achttausend Landsknechte.

KRECHTING An der Stadtmauer sind Verbesserungen vorzunehmen, und die Bürger müssen aufgeboten werden. Wir können viertausend Mann stellen.

MATTHISON Die Stadtmauer wird nicht ausgebessert, und die Bürger werden nicht aufgeboten.

Die Prozession kommt zum Stillstand. Alle wenden sich Matthison zu.

BOCKELSON Amen.

ROTHMANN Gedenkt Bruder Matthison Verhandlungen mit dem Bischof aufzunehmen? Noch sind seine Forderungen nicht ganz unannehmbar. Er würde unsere Regierung bestätigen, wenn wir seine Oberhoheit anerkennen.

MATTHISON Bruder Rothmann weiß, daß ich jede Forderung des Bischofs zurückweise, ohne sie zu prüfen. Wir überlassen die Verteidigung der Stadt dem, dessen Sache sie ist.

KRECHTING Und wessen Sache ist sie nach Bruder Matthisons Meinung?

MATTHISON Gottes Sache.

BOCKELSON Amen.

KRECHTING Wenn Bruder Matthison glaubt, der Allmächtige bemühe sich persönlich –

ROTHMANN Auch theologisch ist das zu riskant.

MATTHISON Es ist Gotteslästerung, zu denken, Er, der unser aller Vater ist, ziehe seine Hand von uns, wenn wir wehrlos und in Demut den Feind erwarten.

STAPRADE Bruder Matthison! Angesichts von achttausend wohlbewaffneten Landsknechten –

VINNE Du sollst Gott, deinen Herrn, nicht versuchen! Das steht schließlich auch geschrieben.

KLOPRISS Ein Wunder läßt sich nicht erzwingen!

MATTHISON Aber erflehen! Wer Münster wider den Bischof verteidigt, wird vor Gericht gestellt!

BOCKELSON Amen.

MATTHISON Er soll durch das Schwert umkommen, und wäre er einer unter uns.

BOCKELSON Als unmittelbar erleuchtet von Gott hat Bruder Matthison das Recht, seine Entschlüsse auch gegen
  die Mehrheit des Rates durchzuführen.

MATTHISON Die Gemeinde wartet.

BOCKELSON Amen.

MATTHISON Ehre sei Gott in der Höhe.

DIE ANDERN Ehre sei Gott in der Höhe.

Alle ab.

5. Die Landsknechte

Lager.
Johann von Büren und Hermann von Mengerssen mit einer Leiter treten auf.

VON BÜREN Die Käfige!

Drei Käfige senken sich von oben herunter.

VON BÜREN Das Rad.

Der 1. Landsknecht rollt ein Rad zum Foltern herein.

VON BÜREN Der protestantische Galgen.
VON MENGERSSEN Der katholische Galgen.

Zwei Galgengerüste senken sich von oben herunter. Von Büren untersucht die Käfige, von Mengerssen besteigt die Leiter, fettet die Stricke des katholischen Galgens ein.

VON BÜREN Morgen, beim Aufgang der Sonne, brechen wir unser Lager in Köln ab und wenden uns mit dem Heere gegen Münster. Ritter von Mengerssen, Ihr seid vom Bischof zu meinem Unterfeldherrn bestimmt worden, ich setze Euch davon in Kenntnis.
VON MENGERSSEN Laßt uns den Zweikampf vergessen, Ritter von Büren, den wir, es sind jetzt neun Jahre her,

vor Pavia im Anblick der versammelten Heere ausge-
fochten haben.

VON BÜREN Er kostete Euch das rechte Ohr.

VON MENGERSSEN Euch drei Finger der linken Hand.

VON BÜREN Ich schwor, Euch das nächste Mal in Grund
und Boden zu hauen.

*Untersucht den protestantischen Galgen. Beim Kontrol-
lieren der Stricke reißt einer.*

VON BÜREN Landsknecht, noch einen Strick!

Der 1. Landsknecht bringt verlangten Strick.

VON MENGERSSEN Ihr seid Protestant und ich Katholik.
Ich diente damals einem welschen König und Ihr heute
einem Bischof.

VON BÜREN Es kommt nicht darauf an, wem wir dienen.
Es kommt darauf an, daß wir verdienen. Euer Franzo-
senabenteuer brachte Euch nicht viel ein.

VON MENGERSSEN Zwanzig Dukaten.

VON BÜREN Wenig. Wenig.

VON MENGERSSEN Und neun Kinder daheim, Ritter von
Büren.

VON BÜREN Dafür fiel ich einer paduanischen Signorina
in die Arme, Verehrtester, und meine Kriegsbeute
schwand dahin, darunter vier Raffaels.

VON MENGERSSEN Seid froh, die moderne Malerei hält sich
nicht. Meinen Michelangelo nimmt kein Mensch. Ich
war gezwungen, am Bauernkrieg teilzunehmen, um
die gröbsten Schulden zu tilgen.

VON BÜREN Unrentabel, unrentabel. Bei meinem Tarif

gebe ich mich mit Bauern gar nicht mehr ab. Das Gelichter ist mausearm und saugrob, man schlägt es tot und hat nichts, oder wird tot geschlagen und hat erst recht nichts.

VON MENGERSSEN Ich stand immer auf der falschen Seite. Als Ihr Rom plündern durftet, verteidigte ich den bankrotten Papst Clemens.

VON BÜREN Päpste sind immer schlecht.

VON MENGERSSEN Der Heilige Vater vergab mir die Sünden, das ist alles.

VON BÜREN Mager, mager.

VON MENGERSSEN Gott sei's geklagt.

Von Büren untersucht das Rad.

VON BÜREN Die Plünderung Roms war mein letztes gutes Geschäft, seitdem nichts als Bagatellen. Die Packschen Händel, lächerlich, die Verteidigung von Wien, man zahlte Hungerlöhne, und für die Verteidigung von Güns schuldet mir König Ferdinand zwanzigtausend Gulden. Dabei haben mir die Türken ein Angebot gemacht: Oberbefehl, zweihunderttausend Goldstücke im Jahr, ein Viertel der Beute, ein Sommer- und ein Winterpalais, Harem, und Christ kann ich auch bleiben.

VON MENGERSSEN Ich erhielt schon lange kein ausländisches Angebot mehr.

VON BÜREN Kopf hoch.

VON MENGERSSEN Das Gold Münsters ist meine letzte Hoffnung.

VON BÜREN Weiß nicht, weiß nicht. Ich habe lange gezögert, das Geschäft zu übernehmen. Die Täufer haben

die Gütergemeinschaft eingeführt, da verflüchtigen
sich die größten Vermögen.

VON MENGERSSEN Ritter von Büren, Ihr nehmt mir jeden
moralischen Mumm.

VON BÜREN Habt Ihr die Landsknechte inspiziert?

Die zwei Landsknechte und der Mönch sind aufgetreten.

VON MENGERSSEN Gewiß, Ritter von Büren.

VON BÜREN Was denkt Ihr?

VON MENGERSSEN Sie sehen schäbig aus.

VON BÜREN Viele haben die Franzosenkrankheit.

VON MENGERSSEN Die Bewaffnung stammt von einer kaiserlichen Armee, die vor mehr als dreißig Jahren von
den Schweizern zusammengedroschen wurde.

VON BÜREN Wenn der Bischof nicht bessere Truppen
auftreibt, nehmen wir Münster nur durch Hunger.

1. LANDSKNECHT Ein entlaufener Mönch, Feldherr.

2. LANDSKNECHT Er will Euch sprechen, Feldherr.

VON BÜREN An den protestantischen Galgen.

1. LANDSKNECHT Zu Befehl, Feldherr.

VON MENGERSSEN An den katholischen Galgen.

2. LANDSKNECHT Zu Befehl, Unterfeldherr.

VON BÜREN Ritter von Mengerssen, der Mönch entlief
dem Kloster und damit seinem Glauben. Er ist für den
protestantischen Galgen bestimmt.

VON MENGERSSEN Für den katholischen Galgen. Als entlaufener Mönch stellt er eine Versündigung gegen die
alleinseligmachende Kirche dar.

MÖNCH Ist die Welt aus den Fugen? Hat sich die Vernunft verzogen? Ist jeglicher Verstand verfinstert?

VON BÜREN Vortreten!

Der Mönch tritt vor.

VON BÜREN Mönchlein, was hast du zu meckern?

MÖNCH Ich bin Hilfslehrer für Mathematik im Dienste des Bischofs.

VON BÜREN Uns egal.

MÖNCH In Münster wollten sie mir den Kopf abschlagen, und hier soll ich hangen.

VON BÜREN Wir hängen jeden auf, der uns über den Weg läuft.

MÖNCH Ich bin gekommen, meine Dienste anzubieten. Im Feldzug gegen den münsterischen Wahnsinn hat auch der Intellektuelle an die Front zu eilen, hat auch der Mathematiker seine Pflicht zu tun!

VON BÜREN Brauchen keine Mathematik.

MÖNCH Ich vermag genau die Bahn einer Kanonenkugel vorauszuberechnen.

VON BÜREN Ich habe einen Schweizer, einen Zwinglianer, der stellt vor mein Geschütz zwei schweizerische Nationalheilige, spuckt zwischen sie und richtet die Kanone nach der Spucke. Er trifft immer. Abtreten!

Der Mönch tritt zurück.

MÖNCH Ich verhungere, wenn niemand meine Wissenschaft braucht.

VON BÜREN Du verhungerst nicht, weil du gehängt wirst. An den protestantischen Galgen.

1. LANDSKNECHT Zu Befehl, Feldherr.

VON MENGERSSEN An den katholischen Galgen.

2. LANDSKNECHT Zu Befehl, Unterfeldherr.

VON BÜREN Ritter von Mengerssen: Ich hätte größte Lust, Euch den Handschuh ins Gesicht zu schleudern.

VON MENGERSSEN Und ich, Euch die restlichen Finger
herunterzuhauen.

VON BÜREN Als Oberfeldherr bestimme ich den Galgen!

VON MENGERSSEN Nicht gegen mein katholisches Gewissen!

VON BÜREN Dann zieht!

VON MENGERSSEN Ritter von Büren! Da wir uns über den
Galgen nicht einigen können, schlage ich vor, den
Mönch zum Feldgeistlichen zu ernennen.

VON BÜREN Wozu?

VON MENGERSSEN Feldherr! Ihr befehligt eine bischöfliche
Armee!

VON BÜREN Ein Feldgeistlicher kostet.

VON MENGERSSEN Nicht der Mönch!

VON BÜREN Vortreten!

Der Mönch tritt vor. Von Büren betrachtet ihn.

VON BÜREN Mönchlein, du bist zum Feldgeistlichen des
bischöflichen Heeres ernannt, ohne Sold, doch mit
dem Recht, mitzuplündern.

MÖNCH Feldherr! Ich bin für diesen Posten ungeeignet.

VON BÜREN Ins Lager mit dir!

MÖNCH Ich bin kein Theologe.

VON BÜREN Abtreten!

Der Mönch tritt zurück.

MÖNCH Ich bin überhaupt kein religiöser Mensch.

VON BÜREN Macht nichts. Noch heute wird bei der Ka-
vallerie gepredigt. Abführen!

MÖNCH Ich protestiere, ich bin ein Humanist!

Wird abgeschleppt.

VON MENGERSSEN Ein Humanist! Eine Schande, daß er
  dem Galgen entgangen ist!
VON BÜREN Diese ewige deutsche Uneinigkeit!

6. Der Schauspieler hat sich installiert

Im bischöflichen Palast.
Bockelson und Täuferinnen im Chorgestühl.

BOCKELSON Wohlan!
Ich werde mit all ihren Göttern
Die thebanischen Tempel auf meinen Leib laden
Und unter der zerstörten Stadt mich begraben
Und wenn meinen Schultern aufgebürdet
Die Stadtmauern
Mir ein zu leichtes Gewicht
Und die sieben Tore einsinken
So will ich die ganze Last des Weltgebäudes
Den Himmlischen entgegenschmettern
Mich mit ihnen zu vernichten!

Krechting tritt auf.

BOCKELSON Bruder Krechting, Ihr scheint verwirrt. Ich
rezitiere meine alten Rollen. Seneca.
KRECHTING Bruder Bockelson! Ihr seid ein heiliger
Mann, und ich finde Euch von halb entblößten Wei-
bern umgeben!
BOCKELSON In Ehren, Bruder Krechting, in Ehren, Ihr
braucht Euch nicht abzuwenden. Meine zukünftigen
Ehefrauen, den besten Familien des Reiches entlaufen:
die Tochter eines Bürgermeisters, die Nichte eines
Kardinals, eine Holländerin dazwischen, einst ein

strammes Freudenmädchen aus Leyden – jetzt ist die Dirne bekehrt –, eine Baronin, ein Reichsfräulein, und die dicke Blonde ist eine richtige Prinzessin von Trübchen aus der Schachener Linie.

KRECHTING Ihr wollt sechs Weiber heiraten?

BOCKELSON Noch zehn weitere.

KRECHTING Bruder Bockelson!

BOCKELSON Ihr seid ein zaghafter Täufer, Bruder Krechting. Soll in Münster nur der lumpige Besitz abgeschafft werden? Keucht unser krankes Christentum nicht auch unter dem Joche der unnatürlichen Einehe? Ist nicht auch sie auf Grund des Alten Testamentes zu restituieren? Habt Ihr nicht von Salomo gelesen? Er brachte es auf tausend Weiber und ist weiser denn alle Philosophen gewesen. Ich werde dem Rat der Täufer beantragen, gestützt auf das Vorbild der Patriarchen und auf das Zeugnis der Apostel, die Vielweiberei wieder einzuführen, damit das Gebot des Herrn, seid fruchtbar und vermehret euch, nach besten Kräften erfüllt werden kann.

KRECHTING Ihr macht die Täufer zum Gespött der ganzen Christenheit!

BOCKELSON Um so mehr Zulauf werden wir haben!
Nur dem Tollkühnen, der Größtes wagt
Blutig Göttliches, heilig Wahnsinniges auch
Stürzt sich die Menge blindlings nach des Volks
Und sei es in des Tartarus finsteres Loch.
Auch Seneca. Nero. Ein gigantischer Durchfall in
Amsterdam.
Ich wurde ausgepfiffen, aber es lag am Stück.

KRECHTING Ihr seid ein Schauspieler geblieben und habt eine neue Rolle gefunden.

BOCKELSON Die Rolle meines Lebens, Bernhard Krechting. Aber auch Ihr habt Euch eine neue Rolle ausgesucht. Ihr gebt Euch als ehemaliger Leutnant der kaiserlichen Armee aus und seid in Wirklichkeit ein davongejagter Prediger aus Gildehaus.

KRECHTING Ihr wißt?

BOCKELSON Ich schweige.

KRECHTING Ich bin Euch ausgeliefert.

BOCKELSON Verlaßt Euch auf meinen schauspielerischen Instinkt: Eine Komödie, die nur halb gewagt wird, ist schlecht, auch unsere Komödie müssen wir ganz wagen. Ich fege – Prometheus; meine erfolgreichste Rolle. Ich spielte sie in Leyden siebenmal. Das Publikum tobte –

Ich fege mit einem einzigen gewaltigen Fausthieb

Von ihren Sitzen die alten Götter

Den tyrannischen Jupiter

Den Heuchler Apoll

Den trügerischen Pluto

Und Venus, die geile Metze

Oder

Geschmiedet an den schwarzen Kaukasus

Zerhacken blutgefärbt

Die Geier

Meine Leber!

KRECHTING Ihr träumt, König von Münster zu werden.

BOCKELSON Den Täufern ist ein König verheißen.

KRECHTING Ein König, nicht ein Komödiant.

BOCKELSON Meint Ihr? Laßt den Bischof mit seinen Landsknechten Münster umzingeln, dann wird dem eingeschlossenen Volk nichts bleiben als Hunger und Phantasie, mit der Mixtur werden sie mich zu ihrem König salben.

KRECHTING Die Landsknechte werden Münster nicht umzingeln, sondern im ersten Ansturm erobern. Jan Matthison ordnete Gewaltlosigkeit an. Die bischöfliche Armee steht vor Hamm, und unsere Stadtmauern sind immer noch schadhaft.

BOCKELSON Wißt Ihr nicht von der schönen Divara, dem jungen Weibe des alten Propheten?

KRECHTING Wie bringt Ihr die mit unserer verzweifelten Lage zusammen?

BOCKELSON Der eine bewundert in den Nächten den Busen seiner Frau, der andere stopft Löcher in der Stadtmauer aus.

KRECHTING Das wäre Verrat.

BOCKELSON An Matthisons Verschrobenheit, nicht an unserer Sache.

KRECHTING Ich muß es wagen.

BOCKELSON Verlassen wir uns auf die schöne Divara, Leutnant!

Krechting ab.

BOCKELSON Doch ihr, meine Töchter, verkündet, ihr hättet einen König gesehen, Salomo nicht unähnlich und mir gleichend, sitzend auf einem Throne, schwebend in einer goldenen Wolke, einen König, der da kommen werde, Gericht zu halten über diese arme Erde.

DIE TÄUFERINNEN
    Uns wird ein König kommen
    Aus Gottes großer Huld
    Zu lösen alle Frommen
    Von Armut und von Schuld

Er kommt mit seinem Trosse
Geritten durch die Nacht
Auf einem weißen Rosse
Zur letzten großen Schlacht

Die Fürsten und die Reichen
Sie sinken in den Staub
Vom Sturmwind ohnegleichen
Verweht wie dürres Laub

Doch wird der Kampf sich legen
Bevor der Hahn noch schreit
Und er kommt uns entgegen
In goldnem Königskleid

Von ihm erwählt als Bräute
Wir ziehen zu ihm ein
Mit festlichem Geläute
Sein Eigentum zu sein

7. Knipperdollinck und Judith

Ägidiitor.
Knipperdollinck und Judith, beide in Bettelkleidern.

JUDITH Du verbirgst dich, Vater.

KNIPPERDOLLINCK Ich habe mich in die Finsternis verkrochen.

JUDITH Du frierst.

KNIPPERDOLLINCK Die Nacht ist kalt.

JUDITH Der Morgen kommt bald.

KNIPPERDOLLINCK Ich schickte dich immer wieder fort, und du folgst mir immer wieder nach.

JUDITH Du bist mein Vater.

KNIPPERDOLLINCK Dein Vater ist der reiche Mann Bernhard Knipperdollinck, und ich bin der arme Lazarus.

JUDITH Ich bin die Tochter des armen Lazarus, in Fetzen und Lumpen gekleidet wie du.

KNIPPERDOLLINCK Die Fenster des reichen Mannes sind erleuchtet.

JUDITH Bockelson feiert mit seinen Weibern.

KNIPPERDOLLINCK Der Wind bläst. Ich liebe sein Sausen. Der Himmel rötet sich.

JUDITH Die Landsknechte sind nahe der Stadt.

KNIPPERDOLLINCK Der Tod auch.

JUDITH Gott wird sich erbarmen.

KNIPPERDOLLINCK Er hat sich erbarmt. Er schickte die

Armut, er schickte die Kälte, er schickte die Finsternis, und er wird den Hunger schicken.

JUDITH Ich fürchte mich.

KNIPPERDOLLINCK Fürchte dich nicht. Steigen wir zum Ufer der Aa hinab, predigen wir den Ratten das Kommen des Friedensfürsten, des glorreichen Königs der Täufer.

Beide ab.

8. Der Tod des Propheten

Vor der Stadt.
Die beiden Ritter, die Landsknechte und der Mönch.

VON BÜREN Münster in Westfalen, regiert von einem Bäkkermeister und von einem Schauspieler!

VON MENGERSSEN Von Ketzern, welche selbst von den Ketzern Ketzer genannt werden!

VON BÜREN Sehr gut.
Du Stadt, von der der große Doktor Martin Luther schreibt, daß der Teufel daselbst haushalte und gewiß ein Teufel auf dem andern sitze wie die Kröten!

VON MENGERSSEN Ausgezeichnet.
Du Stadt, von der der gelehrte Doktor Johannes Eck sagt, daß die Ewigkeit der Hölle nicht lange genug daure, um dich für all deine Sünden garzukochen!

MÖNCH Stadt der Unvernunft!

VON BÜREN Maulhalten, Feldgeistlicher, Beleidigungen sind Vorrecht der Armee. Legt los, Landsknechte!

1. LANDSKNECHT Stadt der Unvernunft!

2. LANDSKNECHT Stadt der Unfreiheit, Stadt der Ungerechtigkeit!

VON BÜREN Nicht doch, Kerl, Unfreiheit ist eine Bürgertugend, und Ungerechtigkeit ziert den Soldatenstand.

2. LANDSKNECHT Verzeihung, Feldherr, wird nicht wieder vorkommen, Stadt der Freiheit! Stadt der Gerechtigkeit!

1. LANDSKNECHT Stadt der Gleichheit!

2. LANDSKNECHT Stadt der Volksgemeinschaft!

1. LANDSKNECHT Stadt der Gütergemeinschaft!

2. LANDSKNECHT Stadt der Nächstenliebe!

VON BÜREN Gut, Landsknechte, gut, das nenne ich prächtige Beleidigungen. Jetzt komme ich wieder. Stadt der Humanité!

VON MENGERSSEN Humanité? Was soll denn das bedeuten, Ritter von Büren?

VON BÜREN Keine Ahnung, ein saftiges französisches Schimpfwort! Jetzt einschüchtern. Los!

1. LANDSKNECHT Ritter Johann von Büren ist vor deinen Mauern erschienen, Stadt der Humanité, dich zu zertrümmern wie eine hohle Nuß!

2. LANDSKNECHT Ritter Hermann von Mengerssen ist vor deinen Toren aufgerückt, Stadt des Friedens, dich auszublasen wie ein Kerzenlicht!

VON BÜREN Ich erdolchte den König der Franzosen in den Armen seiner teuersten Kurtisane!

VON MENGERSSEN Ich knüpfte den Sultan der Türken an das Minarett seiner erhabensten Moschee!

VON BÜREN Ich ersäufte den Papst –

VON MENGERSSEN Ritter von Büren! Ihr seid der Feldherr einer bischöflichen Armee –

VON BÜREN Ich ersäufte den Papst zu Rom eigenhändig im Fasse seines kostbarsten Meßweines!

VON MENGERSSEN Schön. Dann sag ich auch etwas gegen die Lutheraner. Ich verbrannte zu Wittenberg tausend Lutheraner auf einem wohlgeschichteten Haufen von tausend Lutherbibeln!

1. LANDSKNECHT Ergib dich, Stadt!

2. LANDSKNECHT Pariere, Münster!

In der Stadt. Ägidiitor.
Matthison und der Rat der Täufer treten auf, Divara am
Arme Matthisons.

MATTHISON In der Stadt Gottes herrscht Friede.

ROTHMANN Das Volk vertraut auf Gott und verrichtet
  seine tägliche Arbeit.

MATTHISON Bruder Bockelson, ich vertraue Euch mein
  Weib Divara an, sie ist schwanger. Meine Abwesenheit
  dauert kurze Zeit, doch wird sie Hilfe im Gebet brauchen.

VON BÜREN *hinter dem Tor* Fleht um Gnade, ihr trotzi-
  gen Täufer, Rebellen gegen Kaiser und Reich, oder ich
  schlachte euch hin!

MATTHISON Reicht mir das Schwert, Bruder Staprade!
    Herr!
    Du hast mir diese Stadt übergeben
    Ich habe gehandelt in Deinem Namen
    Ich ließ töten in Deinem Namen
    Ich bin schuldig geworden in Deinem Namen
    Laß mich weiterhin die Schuld tragen
    Damit Dein Volk nicht schuldig werde
    Herr! Herr!
    Du hast denen geholfen, die an Dich glauben
    Ich stehe vor Dir im Angesicht Deiner Feinde
    Breitbeinig stehen sie vor unseren Toren
    Sie verhöhnen uns
    Sie sind gekommen, Dein Volk zu vernichten
    Ihre violetten Fahnen sind entbreitet
    Ihre Belagerungstürme ragen gen Himmel
    Ihre Geschütze sind gegen Deine Stadt gerichtet
    Hilf, Herr!

Du ließest Simson mit einer Eselsbacke Tausend
  schlagen
Laß mich jetzt mit diesem Schwert das Heer des
  Bischofs besiegen

*Zieht durch das von Bockelson geöffnete Tor aus der
Stadt.*

BOCKELSON Es ist ein feierlicher Augenblick, Bruder
  Matthison in den Tod schreiten zu sehen.

Schließt das Tor wieder.

DIVARA Sie schlagen ihn tot! Sie schlagen ihn tot!

Rennt zum Tor.

DIVARA Laßt mich zu ihm! Laßt mich zu ihm!
BOCKELSON Meldet, weil er in seinem Hochmut den Sieg
  allein habe erringen wollen, der doch nur dem Volke
  Gottes zukomme, sei Jan Matthison, der Prophet,
  nach tapferem Kampfe dem Feind erlegen; verkündet,
  daß in dieser Stunde der Not der Herr mich, Johann
  Bockelson aus Leyden, zum König über Münster eingesetzt habe, damit ich, umgeben von den vier Erzen-
  geln und den Cherubim, dem Antichrist widerstehe;
  ruft ferner zu meinem Statthalter und obersten Richter
  Bernhard Knipperdollińck aus, den heiligen Mann,
  zum Zeichen, daß mein Königtum sich nicht auf
  Reichtum und Macht, sondern auf Armut und Ohnmacht gründe; fordert endlich die Männer und Weiber
  dieser Stadt auf, mit Waffen und Pechkränzen und

heißem Kalk die Mauer zu besetzen, ja die steinernen
Heiligen aus den Kirchen zu reißen, um damit jene zu
zerschmettern, die an sie glauben und die jetzt, uns zu
vernichten, die Wälle Jerusalems berennen!

Täufer stürzen hinaus.

DIVARA Mein Mann! Mein Mann!
BOCKELSON Was Euch widerfahren, Königin, war wider-
    wärtig
    Allein
    Von einem vergangenen Helden mit einem zukünf-
    tigen schwanger
    Faßt neue Hoffnung jetzt durch einen Helden, wel-
    cher gegenwärtig
    Antonius!

Beide ab.

9. Die Niederlage

Vor der Stadt.
Ritter von Büren und der Mönch wanken über die
Bühne.

VON BÜREN Ich werde katholisch!

MÖNCH Wir sind zusammengeschlagen! Wir sind jämmerlich in Stücke gehauen!

VON BÜREN Steding tot, Westerholt tot, Oberstein tot!

MÖNCH Eine kapitale Niederlage, Feldherr.

VON BÜREN Alles tot. Dabei las ich dem versammelten Heere vor dem Angriff mit lauter Stimme aus der Bibel vor, eine prächtige Siegeslosung, Prophet Micha, ganz zufällig gefunden: Er aber wird auftreten und weiden in der Kraft des Herrn und im Sieg des Namens des Herrn.

MÖNCH Ihr habt die Losung falsch interpretiert, Feldherr. Er aber wird auftreten – damit war der Schauspieler gemeint.

VON BÜREN Als Katholik wäre mir das nicht vorgekommen!

MÖNCH Ihr hättet zuerst einen Scheinangriff ausführen sollen und dann mit der Hauptmacht –

VON BÜREN Laßt mich mit Eurem Intellekt in Frieden!

MÖNCH Einen kleinen Sieg habt ihr dennoch erfochten: Eure Landsknechte hieben den Täuferpropheten Jan Matthison in Stücke.

VON BÜREN Ich konvertiere auf der Stelle. Marsch, Feldgeistlicher! Bekehrt mich zum Glauben der alleinselig-
machenden Kirche! Gießt Weihwasser in Kübeln über
mich, laßt mich Heiligenbilder umarmen, häuft Berge
von Ablaßzetteln auf mein sündiges Haupt, stellt mit
mir an, was dazu nötig ist, los, los!

*Ritter von Mengerssen und 2. Landsknecht hinken über
die Bühne.*

VON MENGERSSEN Ich werde protestantisch!

2. LANDSKNECHT Wir sind radikal zerschmettert.

VON MENGERSSEN Verraten, hintergangen, verspottet, in-
valid. Ich war ein treuer Sohn der Kirche, da prasselt
mir, von Weibern heruntergekippt, mein Schutzpatron
auf den Leib, der heilige Augustin, und mein Bein
schwindet von mir wie der Schnee von den Feldern,
wenn der Frühling kommt.

2. LANDSKNECHT Dahin Euer Bein, dahin Euer Heer.

MÖNCH Gedenkt Eurer Sünden, Unterfeldherr. Der heilige Augustin hätte schlimmer mit Euch verfahren
können, bei Eurer vertrotteten Strategie.

VON MENGERSSEN Feldgeistlicher, Ihr seid zum protestantischen Feldprediger ernannt. Bekehrt mich flugs zum
Glauben des großen Martin Luther, schlagt mir den
Katechismus um die Ohren, brüllt mich mit Kirchen-
liedern um, bläut mir die Gnade ein!

1. LANDSKNECHT *rennt über die Bühne* Die Täufer fallen
aus der Stadt! Sie vernageln unsere Geschütze!

VON BÜREN Steht mir bei, ihr Heiligen!

VON MENGERSSEN Steh mir bei, Huß! Steh mir bei, Luther! Steh mir bei, Zwingli!

VON BÜREN Ritter von Mengerssen! Keine ketzerischen
  Sprüche!

VON MENGERSSEN Ritter von Büren, seht meine Wunde!
  Ihr blickt auf einen protestantischen Stumpf!

VON BÜREN Humpeln wir ins Lager zurück!

10. Die Sieger

Marktplatz.
Das Volk trägt Bockelson als König durch die Stadt und singt das Täuferlied.

DIE MENGE
> Allein Gott in der Höh' sei Ehr
> Und Dank für seine Gnade
> Darum, daß nun und nimmermehr
> Uns rühren kann ein Schade
> Ein Wohlgefallen Gott an uns hat
> Nun ist erfüllt sein Friedensrat
> All Fehd' hat nun ein Ende.

ROTHMANN Es lebe König Bockelson!

DIE MENGE Hosiannah!

KRECHTING Es lebe sein Statthalter Bernhard Knipper-dollinck!

DIE MENGE
> Halleluja! Halleluja!
> Wir beten an und loben Dich
> Wir bringen Ehr und danken
> Daß Du, Gott Vater, ewiglich
> Regierst ohn' alles Wanken
> Ganz unbegrenzt ist Deine Macht
> Allzeit geschieht, was Du bedacht:
> Wohl uns solch eines Herren.

11. Der Bischof und der Kopf Matthisons

Lager.
Der Bischof mit einem Schreiben Bockelsons und ein
Landsknecht mit einem kleinen Tisch, darauf ein verhüll-
ter Gegenstand in einer Schüssel.

BISCHOF Verdammt.

LANDSKNECHT Zu Befehl, Exzellenz.

BISCHOF Dieser Fluch ließ sich nicht unterdrücken. Der
lumpige Täuferkönig fordert meine Unterwerfung.

LANDSKNECHT Jawohl, Exzellenz.

BISCHOF Ich gebe diesen Krieg nicht auf, und sollte ich
wie ein Bettler von einem Fürst zum andern ziehen.

LANDSKNECHT Ich bringe den Kopf Jan Matthisons, des
falschen Propheten, sehr wohl präpariert.

BISCHOF Stell ihn hin.

LANDSKNECHT Zu Befehl, Exzellenz.

BISCHOF Geh.

Rollt sich zum Tischchen, enthüllt den Kopf, betrachtet
ihn.

BISCHOF Das bist du also, Jan Matthison
    Das sind deine Augen, und das ist dein grauer Bart
    Länger als der meine, nur nicht mit der gleichen
      Sorgfalt gepflegt
    Deine Niederlage ist besser als meine

Du zogst mir entgegen
Allein, grandios in deinem Glauben
Ein Grobian, vielleicht, voll finsterer Irrlehren,
    möglich
Voll Plänen nach Umsturz der Dinge, sicher
Doch besessen von Gerechtigkeit, getrieben von
    Hoffnung
Ich dagegen wollte die Welt nicht ändern wie du
Ich wollte im Unvernünftigen vernünftig bleiben
Nun muß ich weiterhin an einer faulen Ordnung
    herumflicken
Ein Narr, ein hoffnungsloser Diplomat
Ein Greis, dem nichts mehr bleibt als greisenhafte
    Zähigkeit
Behaftet mit einem neuen Gegner
Welche Posse!
Als Komödienfreund stehe ich nun einem Komö-
    dianten gegenüber
Süchtig nach großen Rollen, getrieben von einer
    gemeinen Phantasie
Auf Brettern eingeübt, mit Literatur gefüttert und
    mit ausgedroschenen Phrasen
Ist er gefährlicher als du
Sei zufrieden, Bäcker aus Haarlem:
Dein Tod war lächerlich, kümmere dich nicht
    darum
Nur das bleibt bestehen, Prophet
Was uns ärgert und worüber wir lachen.

Teil II

12. Die Fürsten

Worms.
Kaiser Karl V. in einer Sänfte.

KAISER Ich bin Kaiser Karl der Fünfte in seinem fünfund-
dreißigsten Lebensjahr
Eben ist die Nachricht eingetroffen, daß mein Feld-
herr Pizarro in dem neuentdeckten Kontinent
über dem Meere
Die Stadt Cuzco eingenommen habe
Zwei Jahre brauchte die Nachricht, bis sie zu mir
gelangte
Und ich weiß immer noch nicht so recht, wo denn
dieses Cuzco eigentlich liegt
Mein Imperium ist dermaßen gewaltig
Daß die Sonne stets einen Teil meines Reiches röstet
So wie die glühenden Holzkohlen das Hähnchen am
Spieß
Den mein niederländischer Leibkoch sorgsam dreht
Ich bin Aargauer
Meine Urahnen verließen die kleine schäbige Fe-
stung Habsburg
Nahe bei Brugg in der Schweiz
Ein Weltgeschäft zu machen: Mit Familienpolitik
Ein Unterfangen, das Disziplin, Härte, unglückli-
che Ehen und Frömmigkeit verlangt

Diese besonders, denn Völker sterben nur für religiöse Dynastien gern

Nur so haben sie das Gefühl, nicht für irgendeine
Sippe zu leiden

Sondern für Gott, für seine Kirche und für die
Einheit des Abendlandes

Das, meine ich, ist ihr Recht, das dürfen Völker
wirklich verlangen

So sehe ich denn vor meinem inneren Auge meine
Länder

Sauber aufgeräumt von meinen Landsknechten und
reingefegt von jeder Ketzerei durch die heilige
Inquisition

Ohne Menschen meinetwegen, ein Kammerdiener
genügt mir in meinem Weltreich

Einige Lakaien, ein Beichtvater, ein Kanzler, der
Koch, den ich schon erwähnte, und ein Henker
für alle Fälle

Auf die Untertanen kann ich verzichten, Untertanen
stören nur die erhabenen Spiele der Macht

Mein Wunsch ist, einmal in ein Kloster zu gehen

Es muß ein Kloster sein abgelegen in kahlen Ber-
gen

Und in der Mitte seines Hofes muß ein Standbild
der Gerechtigkeit stehen

Eine Gerechtigkeit, wie man sie überall sieht, bunt
bemalt, mit verbundenen Augen, mit einer Waage
sowie mit einem Schwert

Es muß eine gewöhnliche Gerechtigkeit sein

Um diese will ich kreisen zehn Stunden am Tage

In immer gleichem Abstand, wie um eine Sonne,
jahrelang und nichts anderes

Bevor ich, müde vom Weltregieren und fröstelnd in
der Septemberhitze
Meine kalten Augen schließe

Der Kanzler tritt auf.

KAISER Noch aber ist es dumpfer Mittag, und noch bin
Ich die Sonne, um die sich alles dreht.

KANZLER Majestät!

KAISER Wo sind wir, Kanzler?

KANZLER In Deutschland, Majestät.

KAISER In Deutschland? Wir vergaßen, Wir vergaßen.
Wir glaubten Uns in Unserem Palaste zu Madrid.

KANZLER Majestät halten sich in Worms auf. Der Reichstag ist einberufen.

KAISER Der Reichstag! Scheußlich! Wir lieben diese deutschen Angelegenheiten nicht, sie sind so – unplastisch.

KANZLER Majestät haben die Mitglieder der Kaiserlichen
Akademie für Malerei in Wien zu bestimmen. Die
Liste, Majestät.

KAISER Tizian, gut, Tintoretto, möglich, Maarten van
Hemskerk, tüchtig, Marinus von Roymerswaele, brav,
Jan van Amstel, wacker, Altdorfer, na ja, Holbein,
geht auch noch, Hagelmeier aus Wien – Kanzler,
unmöglich. Wir sind zwar Habsburger, doch diese
wienerische Phantasielosigkeit ist nicht akzeptabel.
Müssen wir schon Bäume abgebildet sehen statt Menschen, wie uns der Kerl zumutet, sollten wir eine
Ahnung der Kraft verspüren, mit der die Natur diese
großen Pflanzen aus ihrem Schoße treibt, statt dessen
erblicken wir nichts als tote Haufen pedantisch gemal-
ten Laubes. Sonst noch was?

KANZLER Unwichtiges. Majestät haben vor, die Fürsten
zu empfangen.

KAISER Vorführen.

*Kanzler meldet die Fürsten an, die von Pagen in Sänften
hereingetragen werden.*

KANZLER Seine Eminenz, der Kardinal

KARDINAL Mein Sohn

KAISER Eminenz

KANZLER Seine Durchlaucht, der Landgraf von Hessen

LANDGRAF Mein lieber Karel

KAISER Mein lieber Flips

KANZLER Seine Durchlaucht, der Kurfürst

KURFÜRST Tag, Karlchen

KAISER Kurfürst

KURFÜRST Ein Bier

KAISER Ein Bier für den Kurfürsten

KANZLER Der Bischof von Minden, Osnabrück und
Münster

KAISER Rollt den Bischof in die Ecke.

Ein Page rollt den Bischof in die Ecke.

KAISER Nun?

KARDINAL Da dieser mickrige Bischof, mein Sohn, uns
unter Anrufung der Reichsverfassung gezwungen hat,
die lächerlichen Wirren seines Ländchens zu behan-
deln, eines klipp und klar: Waldeck soll von meinen
Schauspielern die Finger lassen!

BISCHOF Ich löste meine Truppe auf, Eminenz.

KARDINAL Wenn Ihr Eure Truppe auflöst, dann nur, um
eine bessere zu gründen! Habt Ihr mit meinem ersten
Charakterdarsteller gesprochen oder nicht?

LANDGRAF Und meine Salondame? Ist sie bei Euch aufgetaucht, ja oder nein?

BISCHOF Die Feldstiefel ist mir zu unbegabt.

LANDGRAF Zu unbegabt! Karel, er hält die Feldstiefel für unbegabt.

KURFÜRST Tiefste Provinz!

LANDGRAF Kurfürst, das wirst du büßen. Karel, ich besetze Eisenach.

KURFÜRST Dann falle ich in Gießen ein.

KARDINAL Friede.

KAISER Ich dachte, es ginge um eine konfuse innerdeutsche Rivalität; es geht um die Feldstiefel.

KURFÜRST Noch ein Bier!

Ein Page bringt Bier.

KARDINAL Waldeck, ich bewunderte in Eurem Theater den schönsten Plautus meines Lebens, doch was Euer Urteil über Schauspieler betrifft, so habt Ihr diesen Johann Bockelson auch für unbegabt gehalten; eine meiner Nichten weilt an seinem – na ja, an seinem Hof – sie schrieb meiner Schwester, er rezitiere den Seneca hinreißend.

BISCHOF Er rezitiert übertrieben, pathetisch, gräßlich!

LANDGRAF Waldeck, komm mir nicht mit deinem Geschmack!

KARDINAL Und was die Wiedertäufer betrifft, da habt Ihr Euch auch geirrt.

KAISER Wiedertäufer?

KARDINAL Harmlose Leutchen, mein Sohn, fleißig und fromm, die überall in deinem Reiche herumlaufen.

BISCHOF Eminenz!

KARDINAL Keine Widerrede, Bischof von Münster! Daß
die Wiedertäufer die Erwachsenentaufe fordern, mein
Gott, ein uralter christlicher Gedanke. Die Deutschen
sind nun mal ein frommes Volk, dem Grübeln zugeneigt, jeder ist ein heimlicher Mystiker.

KURFÜRST Noch ein Bier!

KARDINAL Hauptsache, daß die Wiedertäufer gegen Luther sind. Sie betonen, wie ich höre, daß des Menschen
Seligkeit nicht allein auf dem Glauben fuße. Erfreu-
lich, gefällt mir außerordentlich, positives Christentum. Ich wette, sie sind im Grunde Katholiken, ohne
es zu wissen, nicht in allen Details, gewiß, aber wir
sind nicht engherzig. Waldeck verstand es bloß nicht,
mit seinen Schäfchen umzugehen und ihre Anfälligkeit
fürs Phantastische in den Schoß der Kirche zurückzu-
steuern. Ein tüchtiger Dominikaner hätte da längst
Ordnung geschaffen und die Angelegenheit friedlich
im Sinne Roms geklärt.

BISCHOF Eminenz sind völlig falsch informiert.

KARDINAL Informiert? Solche Modetorheiten mach ich
nicht mit. Ich informierte mich noch nie in meinem
Leben, das habe ich als Kardinal nicht nötig, ich
verlasse mich auf meine Intuition.

BISCHOF Eminenz! Eure harmlosen Wiedertäufer köpfen
in Münster täglich Leute.

KARDINAL Tun wir auch.

BISCHOF Im Namen Gottes!

KARDINAL Tun wir auch!

BISCHOF Sie betreiben Vielweiberei!

KARDINAL Bischof! Wer betreibt sie nicht! Jedem von uns
wird Vielweiberei vorgeworfen, meine Mätressen werden von den Protestanten in ihren Schriften aufge-

führt, die Katholiken weisen darauf hin, daß der Landgraf mit zwei Frauen verheiratet ist, der Kurfürst schläft mit jeder Stallmagd, die galanten Abenteuer unseres Karl sind bekannter als die römische Geschichte, und Ihr, Waldeck, habt Eure ewige Anna Pölmann.

BISCHOF Ich bin über hundertjährig, Eminenz.

KARDINAL Aber verflucht rüstig.

BISCHOF Bockelson ehelichte sechzehn Weiber.

KAISER Sechzehn?

LANDGRAF Genial.

KURFÜRST Mensch, ist der Kerl sinnlich.

KARDINAL Großartig, das finde ich großartig. Dieser Bursche ist ein echter Schauspieler, komödiantisch bis zum Exzeß. Der schmeißt uns eine Rolle hin, daß wir nur so staunen. Die sechzehn Weiber sollen wir tragisch nehmen? Wir können uns unmöglich empören, wo wir schmunzeln müssen. Nein, nein, keine Widerrede. Normalisiert sich die Lage, löst sich der Harem von selber auf. Deshalb: Keinen einzigen Landsknecht für die Belagerung von Münster.

BISCHOF Kurfürst! Ihr müßt mir helfen!

KURFÜRST Keinen Schwanz.

BISCHOF Landgraf von Hessen! Ich appelliere an euren politischen Instinkt.

LANDGRAF Mein guter Waldeck, ich gebe zu, die Wiedertäufer sind für uns Protestanten eine peinliche Angelegenheit, sie parodieren geradezu unseren evangelischen Glauben. Doch mein politischer Instinkt, an den du appellierst, sagt mir: Was sich hier zusammenbraut, ist bedenklicher: Eine katholische Verschwörung gegen die protestantischen Fürsten.

BISCHOF Landgraf, ich gebe Euch mein Wort –

LANDGRAF Gib es nicht, Bischof, ich kenne Karel und seinen Kardinal, und auch du wirst mitmachen. Die Wiedertäufer, die ich in meinem Lande auftreibe, knüpfe ich an die Bäume, ich verfuhr mit den rebellischen Bauern auch nicht anders, verfahr du mit deinen Täufern ebenso, doch verlange nicht, daß ich dir dabei helfe. Was einen katholischen Fürsten schwächt, stärkt mich. Keinen einzigen Landsknecht für die Belagerung von Münster.

KURFÜRST Keinen Schuß.

BISCHOF Ich benötige Geld, ich bin ruiniert. Wenn ich die Söldner nicht bezahle, verwüsten sie mein Land.

KARDINAL Geld haben wir keines.

KURFÜRST Noch ein Bier.

BISCHOF Ich muß den Krieg so schnell als möglich beenden. Denkt an die Unschuldigen! Denkt an Frauen und Kinder!

KARDINAL Es ist nicht unser Krieg.

BISCHOF Denkt an das Volk.

LANDGRAF Waldeck, jetzt wird's peinlich.

KURFÜRST Ordinär.

KARDINAL Bischof, ich muß mich schon fragen: In welchen Kreisen verkehrt Ihr eigentlich?

LANDGRAF Das Volk hat zu parieren, wir dafür zu sorgen, daß pariert wird, und für das Seelenheil aller sorgt die evangelische oder die katholische Kirche, je nach dem, das ist die christliche Weltordnung. Ich wüßte nicht, weshalb wir da noch an das Volk denken sollten.

BISCHOF Dann denkt wenigstens an Euch, an Eure Ländereien, an Eure Schlösser, an Eure Leibeigenen, an

Euren Reichtum. Die Wiedertäufer führten die Gütergemeinschaft ein.

Schweigen.

KAISER Eminenz, das sind keine treuen Katholiken.
KARDINAL Mein Sohn, ich bin perplex.
KURFÜRST Noch ein Bier.
LANDGRAF Gütergemeinschaft! Ekelhaft!
KARDINAL Das kommt bloß von Luthers Bibelüberset-
zung. Die Bibel ist keine Lektüre für das Volk. Wir
bewilligen tausend Landsknechte.
KURFÜRST Wir auch.
LANDGRAF Wir zweitausend.
KARDINAL Pagen!

Die Pagen treten auf und tragen die Fürsten hinaus.

LANDGRAF Karel, beim Mittagsmahl sehen wir uns
wieder.
KURFÜRST Ich gehe schlafen, Karlchen.
KARDINAL Mein Sohn. In nomine patris et filii et spiritus
sancti.

Gibt ein Zeichen, die Sänftenträger bleiben stehen.

KARDINAL Waldeck, die Landsknechte habt Ihr nun,
doch was Bockelson angeht, Ihr hättet ihn engagieren
sollen.
BISCHOF Ich bereue es, Eminenz, das Unheil, das er jetzt
anstellt, übertrifft bei weitem das Unheil, das er auf
der Bühne hätte anrichten können.

KARDINAL Waldeck: Sollte sich Bockelson als der Schauspieler erweisen, für den ihn meine Nichte hält, die Kirche und die deutsche Nation könnten Euch nie verzeihen.

Wird auch hinausgetragen.

KAISER Was wollt Ihr noch, Bischof von Münster?

BISCHOF Noch mehr Landsknechte, Majestät!

KAISER Unmöglich.

BISCHOF Viertausend sind zu wenig.

KAISER Wir regieren über ein Weltreich, Wir sind mit wesentlicheren Dingen beschäftigt als mit deutschen Wirren.

BISCHOF Die Fürsten sind blind.

KAISER Ihr seid alt, Bischof von Münster, uralt.

BISCHOF Und Majestät sind blutjung, das ist das Tragische.

KAISER Wir bekämpfen die Täufer, indem Wir sie nicht beachten.

BISCHOF Johann Bockelson ließ öffentlich das Bildnis Eurer Majestät verbrennen.

KAISER Öffentlich?

BISCHOF Öffentlich, Majestät.

KAISER Ich erwarte von Euch, Bischof, als seinem Landesherrn, daß Ihr diesen Frevler an Unserer Majestät vor Gericht stellt und ihn, den Verruchten, wie es das Gesetz verlangt, nach endlosen Folterungen zum Tode durch das Rad verurteilt, um seinen Leichnam dann, eingeschlossen in einen Käfig aus Eisen, an der höchsten Spitze der Kathedrale in Münster aufzuhängen. Damit aber Eure Exzellenz imstande sind, Unseren

Willen gegen den Rebellen durchzusetzen, sind Wir
gewillt, Euch hundertfünfzig Landsknechte abzutre-
ten. Kaiserliche Landsknechte.

BISCHOF Der Verdurstende ist für jeden Tropfen dankbar
und zu schwach, zurückzuweisen, was nicht helfen
kann.

KAISER Rollt den Bischof hinaus!

Pagen rollen den Bischof hinaus.

KAISER Kanzler!

KANZLER Majestät!

KAISER Ein maßlos hartnäckiger Greis.

KANZLER Er rennt in sein Verderben, Majestät.

KAISER Laßt hundertfünfzig Landsknechte aussuchen,
jämmerliche Kerle, Dummköpfe, mit allen Krankhei-
ten behaftet, mit Beulen und Gebresten, die zum
Himmel stinken, denen bald ein Arm fehlt, bald ein
Bein. Schickt sie nach Münster.

KANZLER Jawohl, Majestät.

KAISER Im übrigen imponiert Uns der Schauspieler in
seiner Narrheit.

KANZLER Eine echte Begabung, Majestät.

KAISER Das winzige Königreich dieses lausigen Komö-
dianten, so sehr Wir es verlachen, scheint Uns dennoch ein Abbild Unserer eigenen Macht, kommt Uns
doch unser Imperium nicht minder zerbrechlich vor.

KANZLER Sehr wohl, Majestät.

*Der Kaiser klatscht in die Hände, die Pagen tragen ihn
hinaus, halten auf ein Zeichen des Kaisers an.*

KAISER Was jedoch den unbegabten Dilettanten aus Wien
betrifft –

KANZLER Der Maler Hagelmeier ist aus der Liste der
Akademiemitglieder gestrichen, Majestät.

KAISER Ein Fehler, Kanzler. Nehmt ihn auf in Gnaden:
als Mitglied der Kaiserlichen Akademie kann er außer
der Malkunst niemandem schaden.

13. Der Vierfürst dankt ab

Marktplatz.
Knipperdollinck und Judith treten auf.

KNIPPERDOLLINCK Gräfin Gilgal.

JUDITH Vierfürst?

KNIPPERDOLLINCK Du siehst mich, Töchterchen, in einer lächerlichen Verfassung: Nur mit einem Hemde bekleidet schreite ich über den Marktplatz.

JUDITH Mein Vater ist nie in einer lächerlichen Verfassung.

KNIPPERDOLLINCK Doch, Gräfin Gilgal, doch. Ich übe mich in Armut. Oh, sie ist eine große Kunst, die Armut. Ich dringe immer tiefer und tiefer in ihre Feinheiten ein, ihr Elend ist auf eine wundersame Weise abgestuft: die Köstlichkeiten des grimmigen Hungers und des quälenden Durstes, die Herrlichkeiten der Kälte und der Nässe sind kaum zu beschreiben. Ich entdecke immer neue Wunder, schauerliche Abgründe der Verzweiflung, Sümpfe des Jammers und Meere der Not! Und erst das Ungeziefer! Diese wunderbaren Wanzen, diese herrlichen Flöhe! Gott sei gepriesen, ich kratze mich andauernd.

Stutzt.

KNIPPERDOLLINCK Das Schwert in meinen Händen, was ist das für ein Schwert?

JUDITH Es ist das Schwert der Gerechtigkeit.

KNIPPERDOLLINCK Ich küsse dich, Schwert! Ich küsse dich, Gerechtigkeit! Es ist ein heiliges Schwert, nicht wahr, meine Tochter?

JUDITH Ja, Vater.

KNIPPERDOLLINCK Wie kommt es in meine Hände, Gräfin Gilgal?

JUDITH Der König gab es Euch, Vierfürst von Galiläa. Es ist das Zeichen des Richters.

KNIPPERDOLLINCK Richtig! Sehr richtig! Ich soll das Schwert der Gerechtigkeit wider die Menschen brauchen! Habe ich es gebraucht, meine Tochter? Blutig gebraucht?

JUDITH Ja, Vater.

KNIPPERDOLLINCK Habe ich viele hingerichtet?

JUDITH Ja, Vater.

KNIPPERDOLLINCK Warum?

JUDITH Um ihre unsterbliche Seele zu retten.

KNIPPERDOLLINCK Rettete ich ihre unsterbliche Seele, rettete ich sie?

JUDITH Ich weiß es nicht.

KNIPPERDOLLINCK Du weißt es nicht, und ich kann es auch nicht wissen. Was ist dann Gerechtigkeit, Gräfin, wer ist dann gerecht auf dieser runden Erde?

JUDITH Es kommt dem Menschen nicht zu, gerecht zu sein.

Das Volk von Münster tritt auf in schwarzen, zerschlissenen Kleidern. Langermann und Friese führen den Metzger herbei.

KNIPPERDOLLINCK Weise! Sehr weise! Hört, ihr Menschen, hört, was meine Tochter, Gräfin Gilgal, sagt: Es kommt euch nicht zu! Ungerechtigkeit ist euer Los, ihr Menschen, und Irrtum. Seht mein blutiges Richtschwert, ihr Täufer. Seht die menschliche Gerechtigkeit! Sie zerhackte ohne Wissen, sie köpfte blind. Sie sei verflucht, die menschliche Gerechtigkeit.

FRIESE Statthalter des Königs!

KNIPPERDOLLINCK Wer seid Ihr?

FRIESE Der Graf von Gilboa, vormals der Schuster Friese.

LANGERMANN Der Kesselflicker Langermann, jetzt der Fürst von Sichem.

FRIESE Wir klagen den Vicomte von Gê-Hinnom an.

KNIPPERDOLLINCK Klagt.

DIE VON DER RECKE Er zweifelte an Gottes Güte vor allem Volk.

KNIPPERDOLLINCK Tretet vor, Vicomte, zittert und tretet vor.

METZGER Gnade, Majestät, Gnade, Vierfürst von Galiläa! Ich bin ein ehrlicher Durchschnittstäufer, der seine Güter verteilte wie jedermann und vier Weiber ehelichte auch wie jedermann. Gnade!

KNIPPERDOLLINCK Seid Ihr nicht der Großherzog von Bethsaida am See Genezareth, den ich vor achtundvierzig Stunden erst zum Vicomte von Gê-Hinnom, dem Tale der stinkenden Kadaver, degradierte, weil er vor allem Volke Gottes Weisheit in Frage stellte?

METZGER Ich bin es, o Sonne der Gerechtigkeit, Mond der Gnade und Blitz der Rache.

KNIPPERDOLLINCK Ihr sündigtet aufs neue, Vicomte.

METZGER Nur eine Sekunde lang bezweifelte ich Gottes Güte, Erhabener, nur eine Sekunde lang.

KNIPPERDOLLINCK Eine sündige Sekunde, und des Menschen Seligkeit fährt auf ewig dahin, Vicomte.

METZGER Aus Verzweiflung, Statthalter des Königs, ich sündigte aus Verzweiflung. Weil das Volk des neuen Jerusalems vor Hunger Hunde, Katzen und Ratten verspeist statt Manna, wie es ihm verheißen!

KNIPPERDOLLINCK Ich sollte Euer verworfenes Haupt mit einem einzigen gewaltigen Hieb von Eurem lasterhaften Leibe trennen.

METZGER Vierfürst von Galiläa! Laßt mich nicht meine Sünden büßen. Gnade! Greift nicht zum Schwert, welches wie der Zorn des Herrn vor mir aufragt! Degradiert mich nur lustig drauflos, so bin ich zufrieden.

KNIPPERDOLLINCK Weiter hinab kann ich Euch nicht degradieren, Vicomte. Den natürlichen Adel kann ich Euch nicht vom Leibe degradieren.

METZGER Ernennt mich zum Marquis vom Abtritt oder zum Chevalier vom Misthaufen, nur nicht das Schwert, o Sonne der Gerechtigkeit!

KNIPPERDOLLINCK Vicomte, Ihr seid auf der Leiter der Würden so bodenlos hinuntergerutscht, daß Ihr die erbärmlichste Figur der Täufer darstellt.

METZGER Ich weiß, o Vierfürst.

KNIPPERDOLLINCK Es steht geschrieben: Die Ersten werden die Letzten und die Letzten werden die Ersten sein! Nehmt das Schwert! Mein Hemd genügt mir, meine Armut und meine Tochter, die Gräfin Gilgal. Ich ernenne Euch zum Vierfürsten von Galiläa, zum Statthalter des Königs und zum obersten Richter der Täufer.

METZGER *starr* Ihr wollt mich verlausten Vicomte vom

Tale der stinkenden Kadaver zum obersten Richter ernennen? Bedenkt meine schwarze Seele, meine sündigen Gedanken!

KNIPPERDOLLINCK Wer kann gerecht sein? Der Erste und der Letzte, Gott oder Ihr, Statthalter.

Küßt ihn.

KNIPPERDOLLINCK Kommt, Gräfin Gilgal. Ich werde den König bitten, mich zum Vicomte von Gê-Hinnom zu degradieren.

Ab.

DIE VON DER RECKE Heinrich, ich bin stolz, eine Täuferin zu sein!

METZGER Ich bin Statthalter geworden, ihr Täufer! Ich werde unnachsichtig gegen jeden vorgehen, der nicht an unsere gerechte Sache glaubt. Es lebe Johann Bokkelson, der König des neuen Jerusalems, der Stadt Gottes.

14. König Bockelson

Im bischöflichen Palast.
Bockelson auf Thron.

BOCKELSON Ich speiste eben ausgezeichnet
 Schlang Koteletts, Entrecôtes und blutige Roast-
  beefs
 In mich hinein, stopfte mich, so schien es, mit der
  ganzen Tierwelt voll
 Begrub sie unter Mais und Sauerkraut und Bohnen
  und unter Körben von Salat
 Die wiederum begrabend unter runden Käseleibern
 Und deckte alles zu mit einem See von Schnaps
 Und einem Ozean von Bier
 Die Hungerjahre, dahingelebt auf kleinen Bühnen
 Erfolglos, ausgepfiffen, mit magerer Gage, sind vor-
  über
 Nie nährte mich die Kunst, bescheiden bloß Zuhäl-
  terei
 Nun mästet mich Religion und Politik: Doch sitz
  ich in der Falle
 Ich wurde Täufer aus beruflicher Misere
 Ich brachte, arbeitslos, verworrenen Bäckern, Schu-
  stern, Schneidermeistern
 Rhetorik bei, sah zu, wie sie die Welt aufwühlten
 Mit gläubigen Ideen, als wär sie Schlamm
 Ließ endlich sie den Krieg entfesseln

Ja wurde aus einem losen Einfall gar ihr König.
Jetzt, hol's der Teufel, glauben sie an mich
Mit Titeln überhäuft, grotesken Würden, Ämtern,
  Idealen
Und die erzürnten Fürsten, aufgeschreckt
Weil ihre installierte Ordnung wankt
Verwechseln mich mit meinen Rollen
Halten mich für einen rasenden Herakles, für einen
  blutigen Nero, finsteren Tamerlan
Noch seh ich keinen Ausweg, laß mich treiben
Wohin mein Spiel mich treibt
Umstellt von Frömmigkeit und grausem Plunder
Es machen alle mit. Das ist das Wunder

Täuferinnen treten auf.

DIE ELF Ehre sei Gott in der Höhe.
BOCKELSON Nein, nein, nein, nein. Wie kommt ihr wieder herein. Im Gänsemarsch!

Springt auf, beginnt zu inszenieren.

BOCKELSON Zuerst Königin Divara und dann die andern,
immer zwei nebeneinander, und schreitet königlich,
gelöst, in natürlicher Majestät. Wer königlich schreitet,
gleitet in den Saal. So gleitet er, ihr aber kommt so, ihr
schreitet nicht, ihr trottet wie müde Ackergäule. Zurück. Die Vielweiberei ist ein Regieproblem.

Die Täuferinnen stellen sich auf.

BOCKELSON Ich klatsche, und ihr tretet noch einmal auf.

Ihr seid nicht irgendwo, am Hofe eines Kleinfürsten oder in irgendeiner heruntergekommenen Reichsstadt, ihr seid im neuen Jerusalem, meine Teuren, im neuen Jerusalem. Das verpflichtet. Die Welt um uns ist schauerlich, schon vor dem Portal unseres Palastes liegen die Leichen haufenweise herum, verschlingt man Unbeschreibliches, um am Leben zu bleiben, herrscht Verzweiflung und irre Hoffnung, foltert und mordet man einander, doch hier in diesem Saale, wem steht ihr gegenüber? Mir steht ihr gegenüber, einem Volkskönig, einem Friedensfürsten. Darum: Seid erhaben, seid feierlich, seid wahr. Auftreten!

Klatscht in die Hände.

DIE ELF Ehre sei Gott in der Höhe.
BOCKELSON Herzogin von Ephraim, marsch, marsch, wackelt nicht mit dem Hintern, marsch, marsch, gleiten, gleiten. Ihr seid ein majestätisches Weib, nicht mehr die dreiste Dirne aus Leyden. Schön. Gruppiert euch. Los, los!
Seltsam. Ihr seid nur noch elf. Stimmt. Vier schmachten im Kerker, sie waren ungehorsam, und die Erzherzogin von Sinai, die schöne Königin Wandscherer mußten wir auf dem Domplatz eigenhändig hinrichten:
    Schweigend betrachtete der König noch einmal das
      blutige Haupt
    Die Kebsen tanzten, und ungeduldig warteten
    Auf dem Gerüste die Geier.
Kaiser Tiberius. Das Stück ist vergessen, erwies sich gar nicht als ein Seneca, war eine glatte Fälschung.

Gräfin von Endor mehr nach rechts. Noch mehr. Jetzt hat's geklappt.

Setzt sich.

BOCKELSON Regie war stets mein größter Wunsch, ihr Weiber. Als Schauspieler bedeutend, bin ich als Regisseur genial. Auftritt der Täufer!

Der Rat der Täufer mit dem Metzger als Statthalter tritt auf.

DIE TÄUFER Ehre sei Gott in der Höhe.

BOCKELSON Täufer, Propheten des Herrn, wären wir nicht Christen, müßten wir verzweifeln, gar arg bedrängt uns die abgefallene Welt. Die Endzeit ist angebrochen, wir stehen in einem Glaubenskampf ohnegleichen, Inszenierung steht gleichsam gegen Inszenierung. Denn wie wir mit unserer Regiekunst den Heiligen Geist unterstützen, seine Herrschaft unter uns im Lichte der Heiligen Schrift, so unterstützen mit ihren oft grandiosen Theatereinfällen der Kaiser und der Bischof die Mächte der Finsternis, die Herrschaft der Fürsten und Pfaffen, die Leibeigenschaft. Die Not ist groß, doch haben wir auszuharren, Brüder, wie Schauspieler, wenn Pfiffe gellen und faule Eier niederprasseln. Siebenundzwanzig Apostel schickten wir aus, Hilfe herbeizuschaffen, unter Glockengeläute, mit unserer Fürbitte und mit unserem Segen versehen: Sie liefen sämtliche den Landsknechten in die Hände, die Scheiterhaufen vor unseren Toren machten die Nacht zum Tage, und die Gebete der Märtyrer vermischten sich mit unseren Gebeten. Doch nicht genug der harten Prüfung. Der Priesterkönig Johannes, mir vom Erzengel Gabriel angekündigt, ist mit seinem unermeßlichen Heere aus dem Innern Asiens noch nicht vor unserer Stadt erschienen, uns zu befreien und unsere Feinde zu vernichten. Wahrlich, Brüder, Gott verfährt mit uns unerbittlich. Er sei gelobt ob seiner Strenge: Noch sind wir nicht gänzlich würdig seiner Gnade, noch sind wir nicht schlackenlos. Wir ermahnen euch deshalb: Seid nicht hochmütig, seid nicht ungläubig, haltet euch an das Gebet und vergeßt nicht die wunderbaren Werke Gottes! Denn obgleich wir ein geringes Volk sind, so herrschen wir doch über die Erde, jetzt im Geheimen, einst im Sichtbaren, wenn wir auch noch nicht in allen Teilen begreifen können, wie solches durch die Kraft des Glaubens und durch die weise Vorsehung Gottes möglich sein wird –

Stutzt, weil er Judith erblickt.

BOCKELSON

    Locken, wie des Erebos Dunkel, aus dem sich die
        Welt emporschob
    Augen nicht minder nächtlich und die Brüste noch
        unschuldig
    Bereit schon zu allem –
    Seneca. Was führt Euch zu Eurem König, Gräfin von
    Gilgal?

JUDITH Eure Soldaten haben meinen Vater verhaftet, König der Täufer.

BOCKELSON Wir wissen, Gräfin von Gilgal. Wir hatten Euren Vater im Angesicht des Volkes zum Statthalter Jerusalems ernannt, doch verfiel er immer hemmungs-

loser einem unwürdigen und lächerlichen Treiben, bis
wir zu unserem Schmerze gezwungen waren, ihn von
jenem Vicomte von Gê-Hinnom zum Tode verurteilen
zu lassen, den er selbst zu seinem Richter ernannt hat
und dessen Namen er jetzt trägt.

JUDITH Seid gnädig, König der Täufer, seid barmherzig.

BOCKELSON

    Es erschüttert deine Liebe Agamemnons Herz

    Und deine Unschuld bewegt den König der Achäer

    Tief rührt ihn deine Schönheit

Sophokles. Es sei, Gräfin von Gilgal. Er ist frei. Wir
ernennen Euch zur neuen Erzherzogin von Sinai. *Zu
den andern* Wir aber, meine Lieben und Getreuen,
wollen uns in das ehemals bischöfliche Theater begeben. Ich dichtete ein biblisches Trauerspiel, ›Judith
und Holofernes‹, das will ich rezitieren und alle Rollen
ganz allein spielen. Kommt meine Fürstinnen, kommt
meine Fürsten, kommt!

    Jerusalem erbleiche, Holofernes steht vor deinen
        Toren

    Es wanken deine Mauern, und dein Glaube ist er-
        schüttert

    Da tritt eine Heldin auf, die nicht erzittert

    Des Unholds Leib in ihrem Schoße bettet

    Den Tod ihm gibt und dich errettet

Alle ab.

Lager.
Winter. Der Bischof wärmt sich über einem Kohlenbek-
ken die Hände. Ein Landsknecht.

1. LANDSKNECHT Drei Überläufer, Exzellenz. Sie wollen
Euch sprechen.
BISCHOF Der erste?
1. LANDSKNECHT Heinrich Gresbeck, Euer ehemaliger Sekretär.
BISCHOF Führ ihn her.
1. LANDSKNECHT Vortreten!

Gresbeck tritt auf, fällt auf die Knie.

BISCHOF Wenn Wir nicht heruntergekommen wären, ver-
armt und von den Landsknechten ausgeplündert bis
auf die Knochen, würden Wir sagen: Scher dich zum
Teufel, Heinrich Gresbeck!
GRESBECK Ich bin wieder ein treuer Sohn der Kirche
geworden, Exzellenz.
BISCHOF Bitte, bitte.
GRESBECK Ich bereue aufrichtig. Ihr werdet mir als Bischof
meinen Übertritt zu den Täufern verzeihen müssen.
BISCHOF Das mag ein anderer Priester tun, Wir können
ihn nicht hindern. Von Uns erwarte keine Vergebung.
Wir streiken.

GRESBECK Die Reichsgräfin war furchtbar.

BISCHOF Die Äbtissin wird bis zum letzten Blutstropfen für ihren neuen Glauben kämpfen.

GRESBECK Ich kam nie zu Wort.

BISCHOF Wir verzeihen dir trotzdem nicht.

GRESBECK Wenn Ihr nicht verzeiht, richten mich die Landsknechte hin.

BISCHOF Menschlichkeit zwingt Uns zu fauler Gnade. Sei wieder Unser Sekretär. Deine Visage wird Uns täglich an Unsere schändliche Ohnmacht erinnern.

1. LANDSKNECHT Abtreten!

BISCHOF Der zweite?

1. LANDSKNECHT Ein altes Weib, Exzellenz.

BISCHOF Vorführen.

1. LANDSKNECHT Vortreten.

Die Roede tritt auf.

BISCHOF Lieschen! Ich staune! Wie ist es möglich, daß du dich aus der Stadt zu mir durchschlagen konntest?

DIE ROEDE Ich verführte einige Landsknechte, Exzellenz.

BISCHOF Nicht schwindeln, Lieschen, nicht schwindeln! Hauptsache, daß du davongekommen bist.

DIE ROEDE Mit dem christlichen Lebenswandel ist es aus. Ich trete wieder in Eure Truppe ein, Exzellenz.

BISCHOF Ich besitze keine Truppe mehr, Lieschen.

DIE ROEDE Keine?

BISCHOF Keine.

DIE ROEDE Exzellenz ist dermaßen auf den Hund gekommen?

BISCHOF Dermaßen.

DIE ROEDE Ich wußte immer, daß es mit Exzellenz ein

schlimmes Ende nehmen würde. Ein Fürstbischof
ohne eine Schauspieltruppe ist das Letzte.

BISCHOF Ich weiß, Lieschen.

DIE ROEDE Ich trete zur Konkurrenz über, Exzellenz, zur
Truppe des Kardinals.

Beleidigt ab.

BISCHOF Das war die große Roede, Landsknecht. Sie war
ein verteufelt schönes Luder.

1. LANDSKNECHT Jawohl, Exzellenz.

BISCHOF Du hast ihren letzten großen Auftritt erlebt. Ich
kenne den jämmerlichen Geschmack des Kardinals,
der wird sie nicht engagieren.

1. LANDSKNECHT Jawohl, Exzellenz.

BISCHOF Der dritte?

1. LANDSKNECHT Eine schöne Dame, Exzellenz.

BISCHOF Führ sie her.

1. LANDSKNECHT Vortreten!

Judith tritt auf.

BISCHOF Laß uns allein.

1. LANDSKNECHT Zu Befehl, Exzellenz.

BISCHOF Du bist Judith Knipperdollinck. Was willst du
von deinem alten Bischof?

JUDITH Ich weiß es nicht.

BISCHOF Du bist ein Weib geworden, Judith.

JUDITH Ich bin ein Weib geworden, ehrwürdiger Vater.

BISCHOF Du bist ein schönes Weib geworden. Dein
Mann?

Schweigen.

BISCHOF Der Schauspieler?

JUDITH Um das Leben meines Vaters zu retten.

BISCHOF Hast du es gerettet?

JUDITH Er lebt.

BISCHOF Und warum bist du zu mir gekommen, Judith?

Schweigen.

BISCHOF Willst du es mir nicht sagen? Du bist nicht gekommen, Buße zu tun. Dein Kleid ist ein wenig aus der Mode, aber es steht dir gut. Du willst doch nicht etwa – sieh mich an. Komm näher, noch näher.

Judith kommt näher.

BISCHOF Dein Schauspieler – rezitiert er viel?

JUDITH Ja, ehrwürdiger Vater.

BISCHOF Erhabene Geschichten, heldenhafte Geschichten?

JUDITH Nur, ehrwürdiger Vater.

BISCHOF Auch die Geschichte von der tapferen Judith und dem bösen Holofernes?

JUDITH Ihr wißt alles, ehrwürdiger Vater.

BISCHOF Die verfluchte Literatur.

JUDITH Es tut mir leid, ehrwürdiger Vater.

BISCHOF Du wolltest mich töten?

JUDITH Ja, ehrwürdiger Vater.

BISCHOF Um die Stadt zu befreien?

JUDITH Ja, ehrwürdiger Vater.

BISCHOF Wäre ich nicht an diesen Rollstuhl gefesselt, würde ich dich eigenhändig übers Knie legen.

JUDITH Verzeiht, ehrwürdiger Vater.

BISCHOF Erstens bin ich nun doch etwas gar zu alt, um einen glaubhaften Holofernes abzugeben, und zweitens hättest du die Stadt vom Schauspieler erretten müssen, um sie zu befreien.

Schweigen.

BISCHOF Doch du konntest ihn nicht töten, weil du ihn liebst.

JUDITH Ja, ehrwürdiger Vater, ich liebe ihn.

BISCHOF Mein Kind, ich lasse dich morgen nach Hamburg schaffen. Zu vernünftigen Leuten in ein vernünftiges Milieu. Landsknecht!

1. LANDSKNECHT Exzellenz?

BISCHOF Führ die Dame in ein Zelt. Sie ist Unser Gast.

1. LANDSKNECHT Zu Befehl, Exzellenz.

JUDITH Ich wollte den Bischof töten.

BISCHOF Unsinn.

JUDITH Mit diesem Dolch.

BISCHOF Sie lügt, Landsknecht.

1. LANDSKNECHT Weshalb hat sie denn einen Dolch bei sich, Exzellenz? Die Dame führ ich dem Ritter von Büren vor.

BISCHOF Der wird sie kurzerhand hinrichten lassen.

1. LANDSKNECHT Nicht kurzerhand, Exzellenz, schön langsam. Aber wenn die Dame widerruft, will ich ihr glauben, und sie mag bei Euch bleiben.

BISCHOF Widerrufe Judith. Sonst bist du verloren. Ich vermag nichts gegen die Landsknechte.

JUDITH Ich wollte den Bischof töten.

BISCHOF Judith!

1. LANDSKNECHT Seht Ihr, Exzellenz, da ist nichts zu machen.

BISCHOF Verwünschtes Heldentum der Weiber.

JUDITH Lebt wohl!

BISCHOF Du mußt sterben, Judith.

JUDITH Ich weiß.

BISCHOF Ich kann nichts mehr für dich tun.

JUDITH Betet für meine Seele.

BISCHOF Seit ich Priester bin, habe ich für die Seelen der Menschen gebetet. Achtzig Jahre lang habe ich zu Gott geschrien. Jetzt bin ich verstummt. Jetzt bete ich nicht mehr für die Seelen der Menschen.

Rollt ab.

LANDSKNECHT Marsch, schöne Dame, zum Feldherrn!

Führt sie ab.

16. Der blinde Feldherr

Marktplatz.
Die Weiber von Münster schleppen das Blutgerüst herein.
Auf ihm der Metzger mit dem Schwert des Statthalters.
Die Männer stehen Wache.

METZGER Beten, beten!
DIE WEIBER *singen*
> Von dieser Welt des Bösen
> Mit ihrer großen Macht
> Wird uns der Herr erlösen
> Der alles möglich macht

Der Rat der Täufer tritt auf. Der blinde Krechting wird
von Rothmann geführt.

KRECHTING Der Winter ist gekommen.
ROTHMANN Der Schnee.
STAPRADE Und die Kälte.
KRECHTING Doch der Priesterkönig Johannes ist nicht
gekommen mit seinen zehnmal hunderttausend
Helden.
VINNE Sie sind uns jetzt auf Ostern versprochen.
KRECHTING Wenn es den Priesterkönig überhaupt gibt.
KLOPRISS Gott wird unsere Hoffnung nicht zuschanden
machen.
METZGER Glauben! Glauben!

WEIBER *singen*

> Vorm Tod wir uns nicht bangen
> Auch nicht vor Hungersnot
> Wir sind von Gnad umfangen
> Sind eins mit unserm Gott

KRECHTING Wache! Die Aa?

WACHE Zugefroren, Feldherr.

KRECHTING Was siehst du?

WACHE Um die Stadt den Wall der Landsknechte.

KRECHTING Weiter.

WACHE Zwischen unserer Mauer und dem Wall die Weiber und Kinder, die Münster zu verlassen begehrten.

KRECHTING Viele?

WACHE Fast alle.

ROTHMANN Der König war gnädig und ließ sie ziehen.

STAPRADE Ein guter König.

VINNE Ein nachsichtiger König.

KLOPRISS Ein christlicher König.

KRECHTING Sicher. Doch ließen die Landsknechte die Weiber und Kinder nicht passieren.

WACHE Leider, Feldherr.

KRECHTING Was geschieht mit ihnen, denen unser christlicher König gnädig war?

WACHE Sie verrecken nach und nach.

ROTHMANN Sie gehen ein in die Herrlichkeit des Herrn.

METZGER Hoffen, hoffen!

WEIBER *singen*

> Im ungeheuren Lichte
> Erglänzt der Jüngste Tag
> Macht alle Pein zunichte
> Mit einem Donnerschlag

KRECHTING Es stinkt.

WACHE Dein Volk hält Wache, Feldherr.

STAPRADE Ein gutes Volk.

VINNE Ein geduldiges Volk.

KLOPRISS Ein Gottesvolk.

ROTHMANN Der Herr wird seinem Volk Kraft geben, der Herr wird sein Volk segnen mit Frieden, ruft der Psalmist David aus.

KRECHTING Es stinkt trotzdem.

GISELA Hunger. Wir haben Hunger.

KRECHTING Der König verschanzt sich im Rathaus, und mir bleiben fünfhundert mäßig erhaltene Skelette, die Stadt zu verteidigen.

WACHE Jawohl, Feldherr.

KRECHTING Du da, komm her!

WACHE Zu Befehl, Feldherr.

KRECHTING Die Lage ist hoffnungslos.

WACHE Und wie, Feldherr.

KRECHTING Stütze mich!

WACHE Ein verfluchter Pfeil, der Euch blind gemacht hat.

ROTHMANN Er hat seinen Bogen gespannt und mich dem Pfeil zum Ziel gesteckt, heißt es in den Klageliedern Jeremias'.

KRECHTING Es ist schrecklich zu wissen, daß ein alter Mann ohne Augen der einzig Sehende ist.

WACHE Jawohl, Feldherr.

KRECHTING Wie heiße ich?

WACHE Ihr seid der Erzherzog von Sinai.

KRECHTING Bin ich nicht in Wahrheit der Prediger Krechting aus Gildehaus?

WACHE Freilich.

KRECHTING Und der Kerl neben mir mit seinen Bibelsprüchen?

WACHE Der Erzbischof von Kapernaum oder so.

KRECHTING Ist er nicht eigentlich der Stadtpfarrer Bernhard Rothmann?

WACHE Eigentlich.

KRECHTING Du selbst?

WACHE Ich heiße Hänsgen von der Langenstraate, aber man nennt mich immer Wache.

KRECHTING Nicht geadelt?

WACHE Gewöhnliches Volk muß es auch geben.

KRECHTING Vor zwei Jahren sind wir Täufer nach Münster gekommen.

WACHE Ihr habt gepredigt, das Reich Gottes komme bald.

KRECHTING Glaubtest du uns?

WACHE Ich hörte euch eben gerne zu.

KRECHTING Und du, geadeltes Volk von Münster, ihr Barone und Fürsten, glaubet ihr uns?

LANGERMANN Wir hörten euch eben auch gerne zu.

KRECHTING Ihr hörtet uns gerne zu, und dann habt ihr uns gehorcht.

FRIESE Wir sind eben hineingeschlittert.

KRECHTING Doch jetzt?

METZGER Jetzt glauben wir an Euch, Feldherr. An Euch, an die Täufer und an den Endsieg.

KRECHTING Eure Weiber und Kinder gingen ein wie Tiere.

FRIESE Gerade deshalb glauben wir an Euch.

LANGERMANN Sonst wären wir ja nicht mehr ein Gottesvolk.

METZGER Ein auserwähltes Volk.

FRIESE Sonst wären unsere Leiden ja sinnlos.

KRECHTING Sie sind sinnlos.

METZGER Hoffen, hoffen!

WEIBER *singen*

> Was sterblich war hienieden
> Wird wieder auferstehen
> Gehüllt in Gottes Frieden
> Die neue Erde sehn

KRECHTING Ich sage euch: Seine Tische biegen sich unter der Last köstlichster Speisen, und seine Weiber tanzen nackt vor seinen Großen.

WACHE Wen meint Ihr, Feldherr?

KRECHTING Ist meine Rede nicht deutlich genug? Soll ich den Namen unserer Not in die Nacht schreien?

WACHE Die Antwort, Feldherr.

Stößt ihn nieder.

ROTHMANN Leben wir, so leben wir im Herrn, sterben wir, so sterben wir im Herrn.

FRIESE Gott sei seiner Seele gnädig.

WACHE Wer kann zurück in diese Stadt? Wer kann zurück?

Schleppt Krechting ab.

METZGER Frohlocken, frohlocken!

WEIBER *singen*

> Die Wölf' und Lämmer kosen
> Wohl unterm wilden Wein
> Versteckt in roten Rosen
> Schläft fromm der Henker ein

Sie schleppen das Blutgerüst ab.

17. Der Krieg wird gerettet

Lager.
Die beiden Ritter werden von den Landsknechten mas-
siert. Die beiden Galgen voller Leichen.

MÖNCH *tritt außer Atem auf* Ritter von Büren, Ritter von
  Mengerssen!
VON BÜREN Mönchlein, du bist pflotschnaß.
MÖNCH Ich schwamm über die Aa.
VON BÜREN Gesund.
MÖNCH Ich erkletterte die Stadtmauer in der Sommer-
  hitze.
VON MENGERSSEN Wacker.
MÖNCH Kein Mensch hinderte mich.
VON BÜREN Sonst wärst du ja auch nicht mehr am Leben.
MÖNCH Ich erbrachte den Beweis: Münster ist mit Leich-
  tigkeit zu nehmen.
VON MENGERSSEN Gratuliere.
MÖNCH Die Täufer sind mehr oder weniger verhungert.
VON BÜREN Hoffentlich.
MÖNCH Seit Monaten wäre Münster gefallen, hättet ihr
  angegriffen.
VON MENGERSSEN Offensichtlich.
MÖNCH Dann handelt.
VON BÜREN Wozu?
MÖNCH Es ist unmenschlich, einen Krieg weiterzufüh-
  ren, der mit Leichtigkeit beendet werden könnte.
VON BÜREN Münster ist eingeschlossen, die Beute sicher,

und solange wir die Stadt nicht erobern, muß uns der Bischof den Sold zahlen.

MÖNCH Ihr plündert sein Land leer. Ihr habt Ahlen überfallen und Albersloh eingeäschert.

VON MENGERSSEN Der Sold ist schäbig.

MÖNCH An euern Galgen hangen Bauern, nicht Täufer.

VON BÜREN Kriegsgewinnler.

MÖNCH Sie lieferten euch Ware, nicht Münster.

VON MENGERSSEN Sollten wir sie etwa dafür bezahlen?

VON BÜREN Das wäre ein schöner Krieg.

MÖNCH Die Fürsten sind ungeduldig.

VON MENGERSSEN Geschwätz.

MÖNCH Das wißt ihr genau.

VON BÜREN Wir wissen von nichts.

MÖNCH Sie beschlossen auf dem Reichstag in Koblenz, hierher zu kommen und mit dem Kriege Schluß zu machen.

Die Ritter setzen sich auf, starren einander an.

VON BÜREN Ritter von Mengerssen, habt Ihr gehört? Kaum haben wir den Krieg liebevoll aufgepäppelt, kaum beginnt er zu rentieren, wollen die Fürsten mit ihm Schluß machen.

MÖNCH Sie beabsichtigen, euch beide durch den Ritter Wirrich von Dhaun zu ersetzen.

VON MENGERSSEN Ich verlor für Deutschland ein Bein und ernte nichts als Undank.

VON BÜREN Die Fürsten sind unser Unglück.

VON MENGERSSEN Weg mit ihnen!

VON BÜREN Zum Teufel mit ihnen!

MÖNCH Richtig!

Schweigen.

VON BÜREN Mönchlein, was meinst du mit diesem »richtig«?

MÖNCH Weg mit ihnen! Zum Teufel mit ihnen! Die Fürsten sind unser Unglück!

VON MENGERSSEN Sag das noch einmal!

MÖNCH Die Fürsten sind unser Unglück.

VON BÜREN Noch einmal.

MÖNCH Die Fürsten sind unser Unglück. Ich bin mit euch einverstanden. Ich stimme jedem vernünftigen Satz bei.

VON BÜREN Landsknechte!

1. LANDSKNECHT Feldherr?

VON BÜREN Der Feldprediger ist verhaftet.

VON MENGERSSEN Er lästerte gegen Kaiser und Reich.

VON BÜREN Er ist schuldig befunden des Hochverrats.

2. LANDSKNECHT Zu Befehl.

MÖNCH Ritter von Büren! Ich teilte doch bloß eure Meinung über die Fürsten.

VON BÜREN Mathematiker, du hast dich verrechnet. Unsere Meinung über die Fürsten können wir uns leisten, wir sind die Feldherren, du jedoch bist ein Humanist, du kannst dir unsere Meinung nicht leisten. Wir kritisieren unseresgleichen, du deine Obrigkeit, das ist ein Unterschied. Du baumelst morgen am Galgen.

VON MENGERSSEN Am protestantischen Galgen.

VON BÜREN Ordnungsgemäß durch ein Kriegsgericht verurteilt.

MÖNCH Ich protestiere!

VON MENGERSSEN Bei wem?

Die Gemüsefrau tritt mit einem Karren auf.

GEMÜSEFRAU Eine Bewilligung, im Auftrag von Kaufleuten aus Bremen Delikatessen nach Münster zu karren für König Bockelson.

VON BÜREN Zwanzig Goldstücke.

GEMÜSEFRAU Was ist los mit euch beiden? Der Krieg floriert und ihr werdet teurer?

VON BÜREN Unser schöner Krieg hat ausfloriert. Die Fürsten wollen ihn beenden.

GEMÜSEFRAU Ich weiß.

VON MENGERSSEN Sie wollen uns durch den Wirrich von Dhaun ersetzen.

GEMÜSEFRAU Ich weiß.

VON BÜREN Ganz Deutschland weiß davon und nur wir wissen nichts.

GEMÜSEFRAU Feldherren sind nie auf dem laufenden.

VON MENGERSSEN Wir sind geschäftlich erledigt.

VON BÜREN Unser Renomee ist versaut.

VON MENGERSSEN Ich werde wieder Raubritter.

VON BÜREN Hätt ich nur das Angebot der Türken angenommen! Hätt ich nur!

GEMÜSEFRAU Ihr Gauner flennt, daß man mitheulen möchte vor Mitleid.

VON BÜREN Uns bleibt nichts anderes übrig, als Münster zu erobern. Ritter von Mengerssen, laßt zum Sturmangriff blasen.

GEMÜSEFRAU Was denn, ihr Maulhelden, was denn? Da habt ihr einen kleinen komfortablen, anständigen Krieg mit gemütlichem Lagerleben und wollt ihn abstechen. Und warum? Weil die Fürsten für den Frieden sind. Fürsten sind immer für den Frieden, damit ihnen die Völker nicht davonlaufen, merkt euch das, aber weiter gehen sie keinen Schritt, wirklich geschadet haben die Fürsten noch keinem Krieg. Nein, nein, da braucht ihr nichts zu befürchten, und was den Wirrich von Dhaun angeht, schon gar nicht: Der käme den Fürsten viel zu teuer, das ist ein richtiger Feldherr. Bitte: Wenn es gegen die Türken ginge, gegen den Papst oder die Franzosen, da leistet man sich so eine Kapazität, doch gegen Münster – glaubt mir, da seid ihr beide gerade richtig.

VON BÜREN Ich atme auf, liebe Frau, ich atme auf.

VON MENGERSSEN Das verdammte Mönchlein hat uns einen Schrecken eingejagt.

GEMÜSEFRAU Bekomme ich jetzt meine Bewilligung oder bekomme ich sie nicht?

VON BÜREN Wir sagten schon: Für zwanzig Goldstücke.

GEMÜSEFRAU Und mein Trost? Gilt der nichts?

VON BÜREN Neunzehn Goldstücke.

GEMÜSEFRAU Fein. Den Kaufleuten aus Bremen rentiert das Geschäft nicht mehr.

VON MENGERSSEN Ihre Sache.

GEMÜSEFRAU Ich verliere meine Provision.

VON MENGERSSEN Eure Sache.

GEMÜSEFRAU Meint ihr? Doch in Münster, ihr zwei Lokalgrößen von Feldherren, was glaubt ihr, was wird in Münster geschehen, wenn wir König Bockelson nicht mehr mit Delikatessen beliefern, was wird geschehen? Der König wird hungern.

VON BÜREN Soll er! Soll er!

GEMÜSEFRAU Wird er! Wird er! Doch König Bockelson wird nicht verhungern wie sein armes Volk, er wird kapitulieren und ihr habt euren lieben einkömmlichen Krieg gesehen.

Geht ab. Von Büren holt sie zurück.

VON BÜREN Gute Frau, Ihr gebt uns zehn Goldstücke wie bisher und beliefert den König wie bisher.

GEMÜSEFRAU Das Geschäft rentiert für die Kaufleute aus Bremen immer noch nicht.

VON BÜREN Fünf Goldstücke.

GEMÜSEFRAU Immer noch nicht.

VON MENGERSSEN Eine Schande, wie man uns arme Frontschweine behandelt.

GEMÜSEFRAU Nun?

VON BÜREN Schön. Schön. Ihr bekommt die Bewilligung gratis.

GEMÜSEFRAU Das Geschäft rentiert für die Kaufleute aus Bremen immer noch nicht.

VON BÜREN Immer noch nicht?

GEMÜSEFRAU Sie verlangen zwanzig Goldstücke für eure Bewilligung, den König mit Leckerbissen vollzustopfen.

VON MENGERSSEN Zwanzig Goldstücke?

VON BÜREN Die sollen wir zahlen?

GEMÜSEFRAU Ihr. Unsere christlichen Kirchen beladen jeden mit einem heiligen Fluch, der mit Münster Handel treibt. Für eine Höllenfahrt sind zwanzig Goldstücke nicht zuviel. Und weil auch ich dabei zur Hölle fahre, verlange ich fünf Goldstücke extra für meine Verdammnis, macht fünfundzwanzig Goldstücke im Ganzen, christlich gerechnet und christlich gehandelt.

VON MENGERSSEN Ich protestiere!

GEMÜSEFRAU Bei wem?

VON BÜREN Eine hundskommune Erpressung.

GEMÜSEFRAU Ihr zwei werdet mir langsam unsympathisch.

VON BÜREN Gut. Gut. Nehmt die fünfundzwanzig Goldstücke und schert euch in die Stadt.

GEMÜSEFRAU Topp. Das Geschäft wäre in Ordnung.

VON BÜREN Hauptsache, der Krieg ist gerettet.

VON MENGERSSEN Gehängt wird der Feldprediger trotzdem.

Von Büren und von Mengerssen ab.

GEMÜSEFRAU Mönchlein, Zeit und Gelegenheit sind gekommen. Es steht schlimm mit dir.

MÖNCH Ich wollte die Welt zur Vernunft bekehren, Gemüsefrau.

GEMÜSEFRAU Hast du sie bekehrt? Ich merke nichts davon. Du hast zwei Schurken gedient mit deiner Vernunft, und nun bist du verloren. Doch was tut's! Machen wir, daß wir in die Stadt kommen.

Ab mit ihrem Karren.

2. LANDSKNECHT Marsch, Mönchlein. Das Kriegsgericht wartet.

Will den Mönch abführen.

1. LANDSKNECHT Nur nichts überstürzen.

Untersucht den Mönch.

1. LANDSKNECHT Humanist, du hast ja noch einen Gulden.

MÖNCH Er brachte mir Glück, Landsknecht. Er rettete mir das Leben.

1. LANDSKNECHT So ein Pech, Humanist. Jetzt kannst du dir damit bloß deine Henkersmahlzeit bezahlen.

Steckt den Gulden ein. Die beiden Landsknechte führen den Mönch ab.

18. Der Tanz

Bühne des bischöflichen Theaters.
Bockelson mit Farbkübel und Pinsel, nackter Oberkörper,
riesige rote Schleppe, Krone. Knipperdollinck.

KNIPPERDOLLINCK Johann Bockelson von Leyden!
BOCKELSON Wer stört mich auf der Bühne des ehemaligen
    bischöflichen Theaters?

Bestreicht sich mit roter Farbe.

KNIPPERDOLLINCK Der ärmste deiner Untertanen.
BOCKELSON Sei gegrüßt, ärmster meiner Untertanen.
KNIPPERDOLLINCK Ich gab dir meinen Reichtum und mei-
    ne Macht, und du nahmst mir meine Tochter.
BOCKELSON Sie war mir die Liebste von meinen siebzehn
    Weibern.
KNIPPERDOLLINCK Ich floh vor der Sünde und verstrickte
    mich in Schuld, ich suchte Gott in der Armut und bin
    verzweifelt.
BOCKELSON Den Himmel muß man kommandieren.
    Brauche ich den Erzengel Gabriel, ein Pfiff, und er
    flattert hernieder.
KNIPPERDOLLINCK *schreit* Zeige dich, Herr, zeige dich,
    damit ich deine Gegenwart spüre!

Starrt nach oben.

BOCKELSON Na?

KNIPPERDOLLINCK Keine Antwort.

BOCKELSON Versuche: Säusle, Gott, säusle! Das nützt immer.

KNIPPERDOLLINCK Säusle, Gott, säusle, damit ich getröstet werde!

Starrt nach oben.

BOCKELSON Tönte eindrucksvoll.

KNIPPERDOLLINCK Nichts.

BOCKELSON Tatsächlich. Nur ein zerborstenes Bühnendach und ein Mond, der durch die Wolken fegt. Donnere, Allmächtiger, donnere!

KNIPPERDOLLINCK Donnere, Allmächtiger, donnere!

BOCKELSON Gewaltiger!

KNIPPERDOLLINCK Donnere, Allmächtiger, donnere, zerschmettere mich ob meiner Sünden!

BOCKELSON Großartig. Wirkte echt verzweifelt. Gratuliere.

KNIPPERDOLLINCK Gott schweigt.

Starrt nach oben.

BOCKELSON Was soll er auch antworten?

KNIPPERDOLLINCK Nichts als eine leere Bühne.

BOCKELSON Es gibt nichts anderes.

KNIPPERDOLLINCK Ich bin verloren.

BOCKELSON Gepriesen sei deine Verzweiflung, ärmster meiner Untertanen, sie hält sich ans Religiöse und bordet nicht in politische Forderungen über. Du bist

würdig, meine Schleppe zu tragen und mit mir über die
Bühne des bischöflichen Theaters zu tanzen.

Sie beginnen zu tanzen.

BOCKELSON Mond! Pockennarbig und fett
Faules Aas im Himmellotterbett
Sieh nieder! Da tanz ich schon
In zerschlissenem Mantel mit schiefer Kron
Der Täuferkönig Bockelson
KNIPPERDOLLINCK Mondkoloß aus totem Stein
Dein Odem bläst mir Kälte ein
Ich tanze mit in deinem Schein
Vom Elend wie ein Hund gehetzt
Eine rote Schleppe trag ich jetzt
BOCKELSON In Leyden im Stadttheater
Spielte ich den dritten Heldenvater
KNIPPERDOLLINCK Bin ich auch fürchterlich verlumpt
Mich haben Fürsten angepumpt
BOCKELSON In Münster vor dem Ägidiitor
Trug ich dem Volke Dichtung vor
KNIPPERDOLLINCK Nach schwerem Essen mit verdorbe-
nem Magen
Konnte ich nur noch die Bibel vertragen
BOCKELSON Du dichtest, ärmster meiner Untertanen, du
dichtest!
KNIPPERDOLLINCK Aus Verzweiflung, nur aus Verzweif-
lung.
BOCKELSON Ich Musensohn
Dichte aus Lust zur Produktion
Weiber mir und mein das Gold
Der liebe Gott hat's so gewollt

KNIPPERDOLLINCK Meinen Reichtum warf ich weg
    Ich suchte den lieben Gott im Dreck
BOCKELSON Mit der Christen schlechtem Gewissen
    Hab ich das neue Zion beschissen
KNIPPERDOLLINCK Die Tochter zuschanden, verlaust und
    betagt
    Werd ich von roten Ratten zernagt
BOCKELSON Tanzen wir über das nicht mehr vorhandene
    Dach
KNIPPERDOLLINCK Jagen wir wie die Katzen einander
    nach
BOCKELSON Leicht wie sie
KNIPPERDOLLINCK Schnell wie sie
BOCKELSON Heiß wie sie
KNIPPERDOLLINCK Mond! Wie das Rad gehängt über die
    Erde
    An dem ich bald hangen werde
    Gefoltert, zerschmettert, mit Zangen gezwackt
    Zum Tode in vier Teile zerhackt
BOCKELSON Hurenmond, gelb und voll
    Von deinem Wahnsinn bin ich toll
    Bin brünstig nach dir
    Wie der buntscheckige Stier
    Zieh dich, Lustlümmel, hernieder zu mir
KNIPPERDOLLINCK Die Milchstraße hinauf, am Bären
    vorbei
BOCKELSON Wir schlagen Himmel und Erde zu Brei!

Sie improvisieren das Spiel vom Jüngsten Gericht.

BOCKELSON Am Jüngsten Tag König Bockelson
    Erschien vor Gottes Richterthron

KNIPPERDOLLINCK Splitternackt und blutverschmiert
  Hat er dem Hergott rezitiert
BOCKELSON Die Engel und Cherubim bleich und verdattert
  Haben mit mächtigen Flügeln geflattert
KNIPPERDOLLINCK Beeindruckt vom grausigen Welttheater
  Demissionierte der himmlische Vater
BOCKELSON Engel und Heilige stoben davon
KNIPPERDOLLINCK Da setzte sich auf Gottes Thron
  Der Täuferkönig Bockelson
BOCKELSON Genoß einen himmlischen Augenblick lang
  Den selbstinszenierten Weltuntergang
KNIPPERDOLLINCK Und unter donnerndem Applaus
  Ging die Weltgeschichte aus
BOCKELSON Applaus. Das ist's. Applaus. Verlassen wir
  die Bühne des ehemaligen bischöflichen Theaters, ärmster meiner Untertanen, verlassen wir auch den königlichen Palast, begeben wir uns zum Ägidiitor.

Ab.

KNIPPERDOLLINCK Kriechen wir ins Dunkel zurück.

19. Die Übergabe

Vor der Stadt. Ägidiitor.
Bockelson tritt aus dem Tor.

BOCKELSON Schäbiges, westfälisches Kaff
    Verdreckt, verseucht, halb eingestürzt
    Vollgestopft mit Welterlösern, tollen Weibern
    Entzündet wie ein Bündel Stroh von meiner Phan-
      tasie
    Du allzu deutsches Nest
    Genügst mir nicht mehr
    Applaus brauch ich, ein Publikum, das sich begei-
      stert, Beifallstürme
    Denn wer mir hier noch klatscht, den macht der
      Hunger schief
    Und krumm die Furcht vor Niederlage, Folter, Tod
      am Galgen
    Drum Kleinstadtschmiere Münster
    Von Gott verlassen und von jeglichem Mäzen
    Sei jetzt bedankt. Ich ziehe weiter

Die Fürsten treten auf, die Feldherren, die Landsknechte.
Der Kardinal in der Sänfte, der Bischof im Rollstuhl.

BOCKELSON Ihr Fürsten, versammelt angesichts der Stadt
    Die euch seit Jahren trotzt
    Ich trete vor euch hin
    Ich stellte einen König dar

Und rezitierte komödiantisch einen Possentext
Durchsetzt mit Bibelstellen und mit Träumen einer
  beßren Welt
Die halt das Volk so träumt
So trieb ich denn, euch zur Erheiterung, was ihr
  auch treibt
Regierte, übte Willkür und Gerechtigkeit
Belohnte Speichellecker, Schergen, blinden Ehrgeiz
Verführte durch Leutseligkeit
Nutzte Frömmigkeit und echte Not
Fraß, soff, lag Weibern bei
War eingekerkert – auch wie ihr – in die öde Lange-
  weile jeder Macht
Die ich – was ihr nicht könnt – euch hier zurücker-
  statte
Das Spiel ist aus, ihr Fürsten ohnegleichen
Ich trug eure Maske bloß, ich war nicht euresglei-
  chen

Öffnet das Ägidiitor weit.

Münster sei euch und eurer Wut
Noch leben einige. Nun gut
Sie mögen jetzt am Rad verbleichen
Doch ich, der ich das Spiel euch schuf, der kühne
  Denker
Erwarte einen Lorbeerkranz und nicht den Henker

Die Fürsten applaudieren.

KARDINAL Bischof, den habt Ihr nicht engagiert?
KURFÜRST Ein großer Künstler!

LANDGRAF Ich engagiere ihn auf Lebenszeit.
KURFÜRST Er gehört auf mein Theater.
KARDINAL In Unsere Arme, Bockelson.

Birgt Bockelson an seinen Busen.

KARDINAL Den Künstler geben Wir nicht mehr her, Land-
   graf von Hessen
   Bockelson, mit dreifacher Spitzengage, wirkt auf Uns-
   rer Bühne
   Die erste jetzt durch ihn im lieben Heiligen Deutschen
   Reiche

Führt ihn zur Sänfte, in die sich Bockelson setzt.

   Landsknechte, besetzt die Stadt, drei Tage dürft ihr
   wüten
   Bestraft sie hart, Rechenschaft seid ihr keinem schuldig
   Gott gab Münster auf, was ihr auch tut, ihr tut es ohne
   Sünde
   Laßt übrig bloß einige Rädelsführer, gut fürs Hochge-
   richt
   Darunter irgendeinen, arg entstellt, der Sprache nicht
   mehr mächtig
   Von dem wir sagen, er sei Bockelson
   Pro forma so den Willen unseres gnädigen Kaisers treu
   erfüllend

*Entfernt sich triumphierend mit Bockelson in der Sänfte,
die Fürsten und Landsknechte dringen in die Stadt ein.
Vor dem hilflosen Bischof schließt sich das Ägidiitor
wieder.*

20. Der Bischof rebelliert

Vor der Stadt wartet der Bischof.
Aus der Stadt kommen der Landgraf von Hessen und der
Kurfürst, verneigen sich vor dem Bischof und gehen ab.
Dann verlassen die Ritter Johann von Büren und Her-
mann von Mengerssen die Stadt, treten vor den Bischof,
verneigen sich.

VON BÜREN Münster, Bischof, gehört Euch wieder!

Beide ab. Von oben senken sich die Käfige.
Die beiden Landsknechte schleppen das Blutgerüst mit dem
aufs Rad geflochtenen Knipperdollinck vor den Bischof.
Die beiden Landsknechte salutieren und gehen ab.

KNIPPERDOLLINCK Herr! Herr!
　　Sieh meine zerbrochenen Glieder, zermalmt von
　　　　Deiner Gerechtigkeit
　　Du breitest Dein Schweigen über mich
　　Du tauchst Deine Kälte in mein Herz
　　Du hast keine meiner Gaben verschmäht
　　Nimm nun auch meine Verzweiflung entgegen
　　Die Qual, die mich zerfleischt
　　Den Schrei meines Mundes, der zu Deinem Lobe
　　　　verröchelt
　　Herr! Herr!
　　Mein Leib liegt in diesem erbärmlichen Rad wie in
　　　　einer Schale

Die Du jetzt mit Deiner Gnade bis zum Rande füllst

Stirbt.

BISCHOF Der Begnadete gerädert, der Verführer begna-
      digt
      Die Verführten hingemetzelt, die Sieger verhöhnt
      durch den Sieg
      Das Gericht besudelt durch die Richter
      Der Knäuel aus Schuld und Irrtum, aus Einsicht und
      wilder Raserei
      Löst sich in Schändlichkeit
      Die Gnade, Knipperdollinck, zwischen blutigen
      Speichen hervorgekratzt
      Klagt mich an.
      Aus deinem Rollstuhl, Bischof von Münster!

Erhebt sich.

      Steh, Uralter, auf eigenen Beinen!
      In Fetzen das Bischofskleid, das Kreuz verspottet
      durch deine Ohnmacht
      Stampfe in die Erde
      Diese unmenschliche Welt muß menschlicher wer-
      den
      Aber wie? Aber wie?

Anhang

Anmerkung zur vorliegenden Fassung

Der vorliegende Text folgt im großen und ganzen jenem der
Uraufführung im Schauspielhaus Zürich 1967. Zwar wurde in
der Szene 3 ›Der Mönch kann sich retten‹ der Auftritt der Von
der Recke gestrichen; ich gebe ihn hier dennoch wieder. Auch
nahm ich aufs neue die Rolle der alten Schauspielerin Roede in
den Text auf (Szene 2 ›Der Bischof muß die Stadt verlassen‹ und
Szene 15 ›Judith‹). Ich schrieb sie Traute Carlsen zu Ehren. Sie
war eben 80 geworden, und es fand sich keine Rolle mehr für
sie: also schrieb ich ihr eine. Sie freute sich sehr und ich mich
um so mehr, weil sich darüber ein Kritiker ärgerte, den zu
ärgern mir immer ein besonderes Vergnügen bereitete.

Geschrieben 1980 für die Werkausgabe 1980.

Anmerkung zur Bühne

Wichtig ist, daß ohne Vorhang gespielt werden kann, fließend,
mit Überblendungen, die Requisiten bringen die Schauspieler
auf die Bühne. Die Zürcher Wiedertäuferbühne: Der Bühnen-
raum wird durch einen hellen, wie aus großen Lederstücken
zusammengenähten Prospekt abgeschlossen, in welchem sich
eine Schiebetüre befindet. Vor diesem Prospekt ein Holzgerüst,
die Stadtmauer anzudeuten. Das Holzgerüst kann durch einen
zweiten Prospekt abgedeckt werden, der im Zuge hängt und
wie der erste Prospekt aussieht, so daß die Bühne eine Hinter-
und eine Vorderbühne aufweist. Auf der Vorderbühne stehen

zwei bewegliche Torflügel, dunkelbraun aus Holz, Leder und Eisen, verschiebbar.

Bühne Grundbau

A = hinterer Prospekt. B = Schiebetüre. C = Gerüst. D = Prospekt im Zug. E = Stadttore, verschiebbar.

Dramaturgische Überlegungen zu den ›Wiedertäufern‹

1. Einleitung. Modell Scott

Shakespeare hätte das Schicksal des unglücklichen Robert Falcon Scott doch wohl in der Weise dramatisiert, daß der tragische Untergang des großen Forschers durchaus dessen Charakter entsprungen wäre, Ehrgeiz hätte Scott blind gegen die Gefahren der unwirtlichen Regionen gemacht, in die er sich wagte, Eifersucht und Verrat unter den anderen Expeditionsteilnehmern hätten das Übrige hinzugetan, die Katastrophe in Eis und Nacht herbeizuführen; bei Brecht wäre die Expedition aus wirtschaftlichen Gründen und Klassendenken gescheitert, die englische Erziehung hätte Scott gehindert, sich Polarhunden anzuvertrauen, er hätte zwangsläufig standesgemäße Ponys gewählt, der höhere Preis wiederum dieser Tiere hätte ihn genötigt, an der Ausrüstung zu sparen; bei Beckett wäre der Vorgang auf das Ende reduziert, Endspiel, letzte Konfrontation, schon in einen Eisblock verwandelt, säße Scott anderen Eisblöcken gegenüber, vor sich hinredend, ohne Antwort von seinen Kameraden zu erhalten, ohne Gewißheit, von ihnen noch gehört zu werden.

Doch wäre auch eine Dramatik denkbar, die Scott beim Einkaufen der für die Expedition benötigten Lebensmittel aus Versehen in einen Kühlraum einschlösse und in ihm erfrieren ließe. Scott, gefangen in den endlosen Gletschern der Antarktis, entfernt durch unüberwindliche Distanzen von jeder Hilfe, Scott, wie gestrandet auf einem anderen Planeten, stirbt tragisch, Scott, eingeschlossen in den Kühlraum durch ein läppisches Mißgeschick, mitten in einer Großstadt, nur wenige Meter von einer belebten Straße entfernt, zuerst beinahe höflich

an die Kühlraumtüre klopfend, rufend, wartend, sich eine Ziga-
rette anzündend, es kann ja nur wenige Minuten dauern, dann
an die Türe polternd, darauf schreiend und hämmernd, immer
wieder, während sich die Kälte eisiger um ihn legt, Scott,
herumgehend, um sich Wärme zu verschaffen, hüpfend, stamp-
fend, turnend, radschlagend, endlich verzweifelt Tiefgefrore-
nes gegen die Türe schmetternd, Scott, wieder innehaltend, im
Kreise herumzirkelnd auf kleinstem Raum, schlotternd, zähne-
klappernd, zornig und ohnmächtig, dieser Scott nimmt ein noch
schrecklicheres Ende, und deshalb ist Robert Falcon Scott im
Kühlraum erfrierend ein anderer als Robert Falcon Scott erfrierend in der Antarktis, wir spüren es, dialektisch gesehen ein
anderer, aus einer tragischen Gestalt ist eine komische Gestalt
geworden, komisch nicht wie einer, der stottert, oder wie einer,
der vom Geiz oder von der Eifersucht überwältigt worden ist,
eine Gestalt, komisch allein durch ihr Geschick: Die schlimmst-
mögliche Wendung, die eine Geschichte nehmen kann, ist die
Wendung in die Komödie.

2. Der Fall Bockelson

Zur Person: Schneidergeselle, Schank- und Bordellwirt in Leyden in den Niederlanden, Mitglied einer Kammer der Rhetoriker – in den Schauspielen, die er entwarf, spielte er wohl selbst
eine Rolle (Leopold von Ranke: *Geschichte der Reformation*) –,
wird einer der Führer der Wiedertäufer in Münster, läßt sich
nach dem Tode Jan Matthisons zum König ausrufen. Nachdem
er während seiner kurzen Herrschaft eine christliche revolutio-
näre Bewegung lächerlich gemacht, siebzehn Weiber geehelicht,
eine Stadt ins Verderben gestürzt und nach seiner Gefangen-
nahme der Täuferei wieder entsagt hatte, wurde er, neunund-
zwanzigjährig, vom siegreichen Bischof Franz von Waldeck
einem Gericht überwiesen, dreimal mit glühenden Zangen ge-
zwackt und endlich erdolcht (1536). Sein Leichnam wurde,

aufrechtstehend in einem eisernen Käfig, an der Westseite des Lambertiturmes aufgehängt, flankiert von den Käfigen mit Krechting und Knipperdollinck. Dramaturgischer Aspekt: Vorerst scheinen nur zwei Lösungen möglich, nämlich Bockelson entweder als einen positiven tragischen oder aber als einen negativen tragischen Helden darzustellen, entweder als einen der ersten christlich-kommunistischen Idealisten oder als einen klassischen Bösewicht, als einen vitalen nihilistischen Verführer einer christlichen Gemeinschaft. Beide Taktiken sind spektakulär. Die eine idealisiert, die andere dämonisiert.

3. Bockelson als positiver tragischer Held

Wird Bockelson zum positiven Helden aufgewertet, wozu er gewisse Voraussetzungen besaß – »eine glückliche äußere Bildung, natürliche Wohlberedenheit, Feuer und Jugend« (Ranke) –, so erweckt er Mitleid mit beigemischter Furcht (man zittert um sein Schicksal). Ein positiver tragischer Held ist nicht schuldlos an seinem Untergang – der allgemeinen Gerechtigkeit zuliebe –, doch überwiegen die Tugenden, müssen überwiegen, will er Mitleid erwecken, soll um sein Schicksal gezittert werden. Ohne dieses Mitleid (des Zuschauers) und ohne diese Furcht (auch des Zuschauers) kommt keine Tragödie aus. Der Zuschauer leidet und fürchtet nur dort mit, wo er sich identifizieren, wo er mitfühlen kann. Ohne Identifikation des Zuschauers mit dem tragischen Helden keine Erschütterung.

4. Bockelson als negativer tragischer Held

Wird Bockelson zum negativen Helden dämonisiert, so erweckt er Furcht mit beigemischtem Mitleid, aber auch mit beigemischter Bewunderung, denn so furchterregend ein Bühnenbösewicht auch sein mag, so ist er doch beim Publikum zu populär, so freut man sich doch allzusehr auf sein Erscheinen, so wird er doch von den Schauspielern allzu gern dargestellt, als daß seine Wirkung eine rein negative wäre. Brecht, auf der Suche nach einem nicht-aristotelischen Theater in der Absicht, den Zuschauer statt zum Mitfühlen zum Erkennen zu verleiten, auf der Suche nach einer Bühne, auf welcher nicht das ›Wie‹, sondern das ›Warum‹ einer untergeht, das Wichtige sein soll, Brecht schuf immer wieder negative Helden, ihren Fall zu demonstrieren, doch nehmen wir meistens ihre Fehler gern in Kauf, sie erhöhen nur unsere Sympathie (Mutter Courage, Galileo), Held bleibt Held. Der Zuschauer identifiziert sich mit jedem, geht mit Freuden mit jedem der Helden, und führe er mit Mephistopheles in die Hölle. Wer möchte nicht gern einmal Nero, wer nicht einmal gar der Teufel sein.

5. Die Tragödie als das Theater der Identifikation

Das Dilemma der Tragödie: Nur das Wirkliche berührt uns tragisch. Ein wirklicher Todesfall usw. Wir brauchen die Illusion, auf dem Theater werde wirklich gestorben, wollen wir uns durch einen Theatertod erschüttern lassen. Die Tragödie braucht die Illusion des Zuschauers, sein Mitspielen, für die Tragödie gilt: Theater = Wirklichkeit. Die Tragödie, die Fiktion ablehnt, ohne die sie nicht möglich ist, denn jedes Theater ist eine Fiktion. Das Verhältnis der Tragödie zur Wirklichkeit ist naiv. Ihre Wirkung hängt von der Illusionskraft der Bühne ab, erreichte im Naturalismus letzte Höhepunkte, seitdem ist die Tragödie – da wir der Bühne ihre Illusionen nicht mehr so recht glauben – fast nur noch in Filmen heimisch. Die Tragödie neigt dazu, sich als abgebildete Wirklichkeit auszugeben, das Tragische der Wirklichkeit zu entlehnen, sie will zeigen, was war (oder was ist). Tragödie heute: Hochhuth: Endlose Belege, die geschichtlichen Fiktionen, die er macht, als Wahrheit zu installieren, statt sich auf die Wahrheit in der Fiktion zu verlassen.

Sonderfall: *Die Ermittlung* von Peter Weiss – trotz der literari-
schen Tünche –, indem nur noch zu Worte kommen, die nur
noch das Wort haben, die Henker, identifiziert sich der Zuschauer mit jenen, die nicht mehr das Wort haben können, mit
den Opfern. Eigentümlichkeit der Tragödie: Die Handlung
wird irrelevant. Der Untergang des Helden findet nur statt, um
seine moralischen Qualitäten aufleuchten zu lassen, die Intrigen
und Irrtümer, die seinen Fall verursachen, sind unwichtig. Die
Sprache wird irrelevant, die Handlung ist die Wäscheleine, an
der die Sprache im tragischen Winde knattert. Dramaturgie: Seit
Aristoteles die Tragödie moralisch rechtfertigte (Katharsis,
Reinwaschung des Zuschauers durch Furcht und Mitleid), wird
mit den Kategorien des Identifikationstheaters das dramaturgi-
sche Handwerk an sich gemessen. Was nicht rührt, mit was man
sich nicht identifizieren kann (und will), wird als unverbindli-
ches Theater abgetan.

6. Der Verfremdungseffekt

Aus Opposition gegen die Tragödie änderte Brecht den Büh-
nenstil. Sein Verfremdungseffekt reißt den Zuschauer immer
wieder vom Spiel los und stellt ihn dem Spiel gegenüber. Der
Verfremdungseffekt ist eine Notbremse, welche die Handlung
zum Stehen bringt und Überlegungen möglich macht. Brechts
Theater ist ein Drama zwischen der erstrebten Nicht-Identifi-
kation des Publikums mit dem Stück und dem dem Zuschauer
innewohnenden Trieb, sich immer wieder zu identifizieren. Es
ist das Drama jedes modernen Theaters. Der Zuschauer identifiziert sich unwillkürlich mit dem Geschehen auf der Bühne,
während des Spiels nimmt er unwillkürlich an, das Geschehen
sei wirklich, aus dem simplen Grunde, weil er mitspielt.

7. Das Theater der Nicht-Identifikation

Die Komödie. Beispiel Clown. Wir lachen über den Clown,
weil er uns als ein so unbeholfener Mensch gegenübertritt, daß
sich ihm jeder überlegen fühlt. Wir identifizieren uns nicht mit
dem Clown, wir objektivieren ihn. Richten wir bei der Identifikation den Helden als ein Objekt in unserem Ich auf, integrie-
ren wir den Helden in unser Ich, stoßen wir den ›Clown in uns‹
aus unserem Ich und treten ihm gegenüber. Der Clown ist der
Einzelne, und nicht nur der Clown, jede komische Figur, was
sie vereinzelt, ist das Komische (der tragische Held ist nicht
vereinzelt, er ist mit den Menschen durch deren Mitleid verbun-
den. Der Dramatiker des Einzelnen: Beckett. Bei mir die Gestalt, die dem Einzelnen am meisten entspricht: Schwitter).
Ferner: Es ist uns gleichgültig, ob das Komische erfunden oder
wirklich sei, wir müssen gleichwohl lachen. Die Illusion ändert
am Komischen nichts, gerade darum ist sie beim Komischen
legitim. Das Komische tritt nur ein, wo wir objektivieren, das
heißt, wo wir eine Gestalt oder eine Handlung als Ganzes
überblicken, was nur möglich ist, wo wir Distanz bewahren:
Darum ist es gleichgültig, ob das als komisch Erkannte wirklich
ist oder fingiert. Das Komische muß uns nicht nahe gehen wie
das Tragische, um auf uns zu wirken, das Komische wirkt auf
uns, weil wir von ihm Abstand nehmen, unser Gelächter ist die
Kraft, die den komischen Gegenstand von uns wegtreibt.

8. Die drei Arten der Komödie

Das Komische kann in der Gestalt und in der Handlung liegen,
in der Gestalt allein und in der Handlung allein. Beim Clown
liegt das Komische allein in der Gestalt, er sieht komisch aus
und ist läppisch, er tut alltägliche Dinge, aber macht sie verkehrt. Bei der sogenannten Gesellschaftskomödie (von der atti-

schen neuen Komödie bis zum heutigen Boulevard-Theater ein
einziger komödien-taktischer Trend) ist die Gestalt komisch –
der Geizige, der Neureiche usw. – und die Handlung, die
Situationen. Wird die Komödie zum Welttheater, braucht nur
noch die Handlung komisch zu sein, die Gestalten sind im
Gegensatz zu ihr oft nicht nur nichtkomisch, sondern tragisch.

9. Dramaturgie der Komödie als Welttheater

Liegt der Sinn einer tragischen Handlung darin, die Größe des
Helden aufzuzeigen, wobei die Handlung irrelevant wird, so ist
eine Handlung dann komisch, wenn sie auffällt, wenn sie
wichtig wird, wenn die Gestalten durch die Handlung ihren
Sinn erhalten, nur durch sie interpretiert werden können. Die
komische Handlung ist die paradoxe Handlung, eine Handlung
wird dann paradox, »wenn sie zu Ende gedacht wird«. Die
Komödie der Handlung und die Tragödie überschneiden sich,
insofern als es auch Tragödien der Handlung gibt: Oedipus rex.
Auch in den Peripetien der Tragödien: »In den Peripetien
erreichen die Dichter, was sie erstreben, auf eine erstaunliche
Weise. Denn dies ist gleichzeitig tragisch und menschlich. Das
wird dann bewirkt, wenn etwa der Kluge, der schlecht ist, be-
trogen wird wie Sisyphos oder wenn der Tapfere, der aber unge-
recht ist, überwältigt wird. Denn dies entspricht der Wahrscheinlichkeit, wie Agathon sagt: Denn es ist wahrscheinlich, daß vieles
gerade gegen die Wahrscheinlichkeit geschieht« (Aristoteles).

Der Sinn der paradoxen Handlung »mit der schlimmstmöglichen Wendung«: Er liegt nicht darin, Schrecken auf Schrecken
zu häufen, sondern darin, dem Zuschauer das Geschehen
bewußt zu machen, ihn vor das Geschehen zu stellen. Der
Verfremdungseffekt liegt nicht in der Regie, sondern im Stoff
selbst. Die Komödie der Handlung ist das verfremdete Theater
an sich (und braucht gerade deshalb nicht verfremdet gespielt zu
werden, es kann es sich leisten, darauf zu verzichten).

Erreicht wird erstens: Dadurch, daß eine Handlung paradox wird, ist ihr Verhältnis zur Wirklichkeit irrelevant, ob wirklich oder fiktiv, die Handlung wirkt paradox, das Verhältnis zur Wirklichkeit ist bereinigt, weil es im alten Sinne keine Rolle mehr spielt. Die Frage nach der ›Wirklichkeit‹ stellt sich anders. Eine paradoxe Handlung ist ein Sonderfall, die Frage lautet, inwiefern sich in diesem Sonderfall die andern Fälle (der Wirklichkeit) spiegeln. Die Tragödie als eine naive, die Komödie der Handlung als eine bewußte Theaterform.

Zweitens: Die Identifikation, zu welcher der Zuschauer neigt, ist erschwert, weil der Zuschauer durch die paradoxe Handlung gezwungen wird, zu objektivieren, wird jedoch als Wagnis möglich. Der Zuschauer kann sich die Frage stellen, inwiefern der Fall auf der Bühne auch sein Fall sei, und sich so die Gestalten auf der Bühne wieder aneignen. Die Möglichkeit zu diesem Wagnis ist vorhanden, doch braucht sie vom Zuschauer nicht ergriffen zu werden, er wird dann eine Komödie der Handlung als eine reine Groteske erleben oder als eine übersteigerte Tragödie. Die Komödie der Handlung ist die Theaterform, die Brecht von unserem Zeitalter der Wissenschaft fordert unter der Berücksichtigung der Tatsache, daß der Zuschauer zu nichts gezwungen werden kann. Das Theater ist nur insofern eine moralische Anstalt, als es vom Zuschauer zu einer gemacht wird. Darin, daß viele der heutigen Zuschauer in meinen Stücken nichts als Nihilismus sehen, spiegelt sich nur ihr eigener Nihilismus wieder. Sie haben keine andere Deutungsmöglichkeit.

10. Auf Bockelson bezogen

Indem Bockelson zu einem Schauspieler gemacht wird (»Nie nährte mich die Kunst, bescheiden bloß Zuhälterei / Nun mästet mich Religion und Politik: Doch sitz ich in der Falle / Ich wurde Täufer aus beruflicher Misere / Ich brachte, arbeitslos, verwor-

renen Bäckern, Schustern, Schneidermeistern / Rhetorik bei ...
Ja wurde aus einem losen Einfall gar ihr König / Jetzt, hol's
der Teufel, glauben sie an mich«), wird Bockelson zu einem
»schlimmstmöglichen« Fall: Er wird zu einer Fiktion. Dieser
Fiktion wird die Geschichte unterworfen, der »historische«
Bockelson wird in eine Fiktion verwandelt, wird zum »Theater« (Analog Scott im Kühlraum). Er wird zur komischen
Gestalt und damit zum Sonderfall. Ihn treibt nicht die Macht-
gier, sondern die komödiantische Lust, die Theatralik, ohne die
keine Macht auskommt, auszunützen. Darum können die Fürsten ihn auch begnadigen: Nicht als ihresgleichen, sondern als
einen, der ihresgleichen vollendet spielt: Als genialen Schauspieler, den sie begnadigen, weil sie ihn bewundern: Sie bewundern sich selber, das heißt das, was ihnen Bockelson vorspielte,
indem sie ihn begnadigen. Bockelson als Fiktion ist nicht gleich
einer Wirklichkeit, nicht gleich Hitler oder gleich irgendeiner
historischen Persönlichkeit, er ist auch kein Parallelfall, wie
etwa Arturo Ui ein Parallelfall zu Hitler ist, er verhält sich als
Sonderfall nur zur Theatralik, die in jedem Mächtigen inne-
wohnt. Bockelson ist ein Thema jeder Macht: Ihre Begründung
durch Theatralik.

11. Bockelson als Thema

Die Dramatik – wie die übrige Kunst – hat einen bestimmten
Weg eingeschlagen: Den Weg in die Fiktion. Ein Theaterstück
stellt eine Eigenwelt dar, eine in sich geschlossene Fiktion,
deren Sinn nur im Ganzen liegt. Die Aussagen des Dramatikers
sind nicht Sätze, nicht Moralien oder Tiefsinn, der Dramatiker
sagt Stücke aus, sagt etwas aus, was nicht anders gesagt werden
kann als durch ein Stück. Die Sätze, welche die Personen des
Stücks aussprechen, sind verständlich allein durch das Stück,
verständlich nur durch die Situation, in der sie sich befinden.
Sie sind weder Wahrheiten an sich noch Provokationen, son-

dern der Ausdruck der dramaturgischen Ironie, die das Stück
fingiert und lenkt.

Das Theater als Fiktion kann nichts anderes sein als Theater,
ein Gleichnis, immer wieder neu zu erdenken, für die Tenden-
zen der Wirklichkeit. Das Theater als Eigenwelt enthält als seine
Themen erdichtete Menschen, es entwickelt sich kontrapunk-
tisch. Zu einem Thema tritt ein Gegenthema usw. (Zu Don
Quijote tritt Sancho Pansa.) Zu Bockelson tritt der Bischof:
Zum Schauspieler tritt der Theaterliebhaber, der Theaterfanati-
ker. (Bischof: »Mitspieler in Wirklichkeit, verstrickt in Schuld,
Mitwisser von Verbrechen / Brauchen wir die Täuschung loser
Stunden, Zuschauer nur zu sein.«) Zum Schauspieler tritt der
Zuschauer, dessen Schicksal es ist, daß er auch der Welt gegenüber Zuschauer bleiben muß, wo er doch handeln wollte: Wie
er auch handelt, er löst immer wieder Geschehen aus, die ihn in
die Lage eines hilflosen Zuschauers zurückwerfen, eine Lage,
die ihn am Ende zur Rebellion zwingt, zu einer ohnmächtigen
Rebellion freilich. Zum verzweifelten Zuschauer, der ohne
Überzeugung handelt, der um seine Hilflosigkeit weiß (»Nun
muß ich weiterhin an einer faulen Ordnung herumflicken«),
treten die zynischen Zuschauer (Kaiser, Fürsten), treten die
zynisch Handelnden (Landsknechte, Gemüsefrau), treten aber
auch jene, die die Welt verändern wollen und die er im geheimen bewundert (Matthison, aber auch der Mönch), tritt endlich
der Religiöse, der aufs Rad getrieben wird, der die Welt erleidet:
Knipperdollinck usw. Die Welt der Fiktion ist eine in sich
geschlossene Welt. Ihre Geometrie: Die Beziehung ihrer Gestalten zueinander. Ihre Dramatik: Die Schicksale, die sich auf
dem abgesteckten Platz abspielen.

12. Über die ›Wiedertäufer‹ im Ganzen

Die *Wiedertäufer* stellen als Komödie eine Wiederaufnahme
eines Versuchs dar, den ich im Jahre 1946 unternommen habe

und der unter dem Titel *Es steht geschrieben** bekannt geworden ist. Einzelne Teile des früheren Werkes konnten übernommen werden. Die *Wiedertäufer* stellen eine Begegnung meiner
heutigen Dramatik mit meiner ersten Dramatik dar. Es ver-
lockte mich, noch einmal das alte Spiel, bewußter jetzt, durch-
zuspielen.

Geschrieben für die erste Buchausgabe, Verlag der Arche, Zürich 1967.

* Werkausgabe Bd. 1.

Nachweis

Die Sekundärliteratur wie auch Dürrenmatt selbst übermitteln oft widersprüchliche Angaben zu den einzelnen Texten; der nachfolgende Nachweis zur Publikations- und Aufführungsgeschichte sowie zur Textgrundlage stützt sich auf die Dokumente aus Dürrenmatts Nachlaß und Archiv im Schweizerischen Literaturarchiv in Bern.

Vermutlich aufgrund einer Anfrage des Zürcher Schauspielhauses, das von Dürrenmatt gesperrte Erstlingsdrama *Es steht geschrieben* (Werkausgabe in 37 Bänden 1998, Bd. 1) neuaufführen zu dürfen, unternimmt Dürrenmatt 1966 eine vollständige Neubearbeitung des Stücks, und eine Komödienfassung wird am 16. März 1967, zwanzig Jahre nach der Uraufführung, erneut im Schauspielhaus Zürich, unter dem Titel *Die Wiedertäufer* (Untertitel: ›Eine Komödie in zwei Teilen‹) unter der Regie von Werner Düggelin uraufgeführt: Gustav Knuth, 1947 in der Rolle des Bockelson, übernimmt diesmal die Rolle des Knipperdollinck, Ernst Schröder spielt den Bockelson, Andrea Jonasson spielt die Judith, Kurt Beck Karl v., Willy Birgel den Kardinal und Matthison. Die im gleichen Jahr gedruckte (Ernst Schröder gewidmete) Einzelausgabe im Verlag der Arche, Zürich, enthält einen ausführlichen Anhang mit Anweisungen zur Bühnengestaltung sowie *Dramaturgischen Überlegungen*. Am 8. November 1967 folgt die deutsche Erstaufführung an den Städtischen Bühnen Münster (Regie Erich Sistig), im Dezember Aufführungen in München (Kammerspiele, Regie Hans Schweikart) und Warschau (Teatr Dramatyczny, Regie Ludwik René); Anfang 1968 (Premiere 3. März) werden *Die Wiedertäufer* in Prag (Nationaltheater, Regie Miroslav Macháček), 1969 in Genf (Grand-Théâtre, Regie Jorge Lavelli) und Straßburg (anschließende Tournee der Inszenierung von André Steiger mit dem Théâtre National de Strasbourg durch weitere Städte Frankreichs) aufgeführt. 1973 produziert das Zweite Deutsche Fernsehen in Zusammenarbeit mit den Ruhrfestspielen Recklinghausen eine Fernsehinszenierung unter der Regie von Heinrich Koch (Aufzeichnung ohne Publikum nach 21 Vorstellungen) mit Günter König als Bockelson, Walter Richter als Knipperdollinck, Kornelia Boje als Judith, Eduard Marks als Bischof und Volker Lechtenbrink als Karl v. (Erstsendung am 26. Oktober 1973).

Für die Werkausgabe 1980 stellt Dürrenmatt die ›Urfassung‹ wieder her, gegenüber der Arche-Ausgabe erweitert um den Monolog der von der Recke S. 33f. und den Auftritt Roede S. 28f. *(Anmerkung zur vorliegenden Fassung).*

Friedrich Dürrenmatt
im Diogenes Verlag

Werkausgabe in 37 Bänden mit einem Registerband

Jeder Band enthält einen Nachweis zur Publikations- und gegebenenfalls Aufführungsgeschichte sowie zur Textgrundlage

● **Das dramatische Werk**

*Es steht geschrieben /
Der Blinde*
Frühe Stücke

Romulus der Große
Eine ungeschichtliche historische Komödie in vier Akten. Neufassung 1980

*Die Ehe des Herrn
Mississippi*
Eine Komödie in zwei Teilen (Neufassung 1980) und ein Drehbuch

*Ein Engel kommt nach
Babylon*
Eine fragmentarische Komödie in drei Akten. Neufassung 1980

Der Besuch der alten Dame
Eine tragische Komödie. Neufassung 1980

Frank der Fünfte
Komödie einer Privatbank. Neufassung 1980

Die Physiker
Eine Komödie in zwei Akten. Neufassung 1980

*Herkules und der Stall des
Augias / Der Prozeß um des
Esels Schatten*
Griechische Stücke. Neufassung 1980

*Der Meteor / Dichter-
dämmerung*
Zwei Nobelpreisträgerstücke. Neufassungen 1978 und 1980

Die Wiedertäufer
Eine Komödie in zwei Teilen. Urfassung

*König Johann /
Titus Andronicus*
Shakespeare-Umarbeitungen

*Play Strindberg / Porträt
eines Planeten*
Übungsstücke für Schauspieler

Urfaust / Woyzeck
Zwei Bearbeitungen

Der Mitmacher
Ein Komplex. Text der Komödie (Neufassung 1980), Dramaturgie, Erfahrungen, Berichte, Erzählungen. Mit Personen- und Werkregister

Die Frist
Eine Komödie. Neufassung 1980

Die Panne
Ein Hörspiel und eine Komödie

*Nächtliches Gespräch mit
einem verachteten
Menschen / Stranitzky und
der Nationalheld / Das
Unternehmen der Wega*
Hörspiele und Kabarett

Achterloo
Achterloo I / Rollenspiele (Charlotte Kerr: ›Protokoll einer fiktiven Inszenierung‹; Friedrich Dürrenmatt: ›Achterloo III‹) / Achterloo IV / Abschied vom Theater
Mit Personen- und Werkregister

Registerband
zur Werkausgabe
Friedrich Dürrenmatt
Chronik zu Leben und Werk. Bibliographie der Primärliteratur. Gesamtinhaltsverzeichnis. Alphabetisches Gesamtwerkregister. Personen- und Werkregister aller 37 Bände

Außerhalb der Werkausgabe lieferbar:

● **Gespräche**

Gespräche 1961–1990
4 Bände in Kassette. Band 1: Der Klassiker auf der Bühne 1961–1970. Band 2: Die Entdeckung des Erzählens 1971–1980. Band 3: Im Bann der ›Stoffe‹ 1981–1987. Band 4: Dramaturgie des Denkens 1988–1990. Herausgegeben von Heinz Ludwig Arnold. In Zusammenarbeit mit Anna von Planta und Jan Strümpel

● **Briefe**

Max Frisch/Friedrich Dürrenmatt
Briefwechsel
Mit einem Essay des Herausgebers Peter Rüedi. Mit zwei Faksimiles

● **Einzelausgaben**

Der Richter und sein Henker
Kriminalroman. Studienausgabe mit zahlreichen Fotos aus dem Film und einem Anhang

Der Verdacht
Kriminalroman. Mit einer biographischen Skizze des Autors

Die Panne
Eine noch mögliche Geschichte

Grieche sucht Griechin
Eine Prosakomödie

Das Versprechen
Requiem auf den Kriminalroman

Justiz
Roman

Minotaurus
Eine Ballade. Mit Zeichnungen des Autors

Der Auftrag
oder Vom Beobachten des Beobachters der Beobachter. Novelle in vierundzwanzig Sätzen

Durcheinandertal
Roman

Der Pensionierte
Fragment eines Kriminalromans (Bibliophile Ausgabe). Text der Fassung letzter Hand. Faksimile des Manuskripts. Faksimile des Typoskripts mit handschriftlichen Änderungen. Mit einem Nachwort von Peter Rüedi und einem editorischen Bericht

Der Pensionierte
Fragment eines Kriminalromans (Text der Fassung letzter Hand). Mit einem möglichen Schluß von Urs Widmer und einem Nachwort von Peter Rüedi

● **Anthologien und
Sammelbände**

Denkanstöße
Ausgewählt und zusammengestellt von Daniel Keel. Mit sieben Zeichnungen des Dichters

Das Mögliche ist ungeheuer
Ausgewählte Gedichte. Mit einem Nachwort von Peter Rüedi

Die Schweiz – ein Gefängnis
Rede auf Václav Havel. Mit einem Gespräch des Autors mit Michael Haller sowie einer Rede von Bundesrat Adolf Ogi

Das Dürrenmatt Lesebuch
Herausgegeben von Daniel Keel. Mit einem Nachwort von Heinz Ludwig Arnold

Meistererzählungen
Ausgewählt von Daniel Keel. Mit einem Nachwort von Reinhardt Stumm

Meine Schweiz
Ein Lesebuch. Herausgegeben von
Heinz Ludwig Arnold, Anna von
Planta und Ulrich Weber. Mit einem
Vorwort von Heinz Ludwig Arnold

Der Gedankenschlosser
Über Gott und die Welt. Ausgewählt
und zusammengestellt von Daniel Keel
und Anna von Planta

● **Das zeichnerische Werk**

Die Heimat im Plakat
Ein Buch für Schweizer Kinder

Die Mansarde
Die Wandbilder aus der Berner Laub-
eggstraße. 24 Abbildungen mit Texten
von Friedrich Dürrenmatt. Mit einem
Essay von Ludmila Vachtova

● **Über Dürrenmatt**

Elisabeth Brock-Sulzer
Friedrich Dürrenmatt
Stationen seines Werkes. Mit Fotos,
Zeichnungen, Faksimiles

Über Friedrich Dürrenmatt
Essays, Zeugnisse und Rezensionen.
Mit Chronik und Bibliographie. Herausgegeben von Daniel Keel. Verbes-
serte und erweiterte Ausgabe 1998

Herkules und Atlas
Lobreden und andere Versuche über
Friedrich Dürrenmatt. Herausgege-
ben von Daniel Keel

Friedrich Dürrenmatt
Schriftsteller und Maler
Ein Bilder- und Lesebuch zu den
Ausstellungen im Schweizerischen
Literaturarchiv Bern und im Kunst-
haus Zürich

play Dürrenmatt
Ein Lese- und Bilderbuch. Mit Texten
von Friedrich Dürrenmatt, Hugo
Loetscher, Peter Rüedi, Guido Bach-
mann u.a. sowie Handschriften,
Zeichnungen und Fotos

Heinz Ludwig Arnold
Querfahrt mit Friedrich
Dürrenmatt
Aufsätze und Reden